[April 22nd, 1296. Removal of the suspension of the rector of St. Andrew's, Canterbury, on condition of his going to a university two days after celebrating mass in his church.]

UT UNUS SUSPENSUS A CELEBRACIONE DIVINORUM SE TRANSFERAT AD UNIVERSITATEM UT EXTENUETUR INFAMIA.— Robertus permissione divina et cetera Symoni rectori ecclesie sancti Andree Cantuarie et cetera. Licet pro tuis excessibus per nos nuper in nostra visitacione repertis fuisses a divinorum celebracione suspensus, tibi tamen ut super hoc extenuetur infamia et statui tuo prospiciatur uberius ut ad universitatem causa studendi te transferas tibi concessimus graciose, et ne suspensus ab ecclesia tua memorata recedas, volumus et ex gracia speciali concedimus ut aliquo die dominico vel festivo proximo ante hujusmodi tuum recessum missam publice celebres in tua ecclesia antedicta ita ut infra biduum postea sine mora ulteriori ad studium ut superius tangitur dirigas iter tuum, et extunc divina ibere celebres suspensione hujusmodi a qua te ut prenotatur absolvimus non obstante. Alioquin supradicta suspensio in suo robere maneat et subsistat. Datum apud Tenham x kal. Maii consecracionis nostre anno secundo.

———

[Undated. Mandate to William de Staundone to induce the executors of the late Bishop of Coventry and Lichfield to make some provision for a destitute priest, whom he had ordained without a title.]

OFFICIALI COVENTR' ET LYCHFELDE QUOD PROVIDEATUR UNI DE TESTAMENTO EPISCOPI LOCI EJUSDEM.—Magistro W. de Staundon' officiali nostro in Coventrensi et Lichfeldensi diocesi sede vacante salutem et cetera. Quia Thomas dictus Gogun presbiter modo sine sua culpa ut asserit ita prout vidimus debilitatus quod tute celebrare non potest, a bone memorie Rogero nuper episcopo diocesis supradicte in presbiterum sine titulo extitit ordinatus, qui jam paupertate depressus et execucione sui officii sic casu fortuito destitutus jam in cleri vituperium cogitur mendicare, volumus et mandamus ut executores dicti defuncti excitando sollicites et inducas quod tam dicti defuncti super hoc debitum quam eciam caritative compassionis pietatem pensantes prefato presbitero de suo victu per viam aliquam quam pocius expedire prospexerint pro suis viribus faciant provideri pietatis oculis ad id propensius intuentes. Valete. Datum apud Tenham.

[*Undated. Commission to the Archbishop's commissary to inquire into the value of the church of St. Michael's, Westgate, Canterbury, and the claim of the prior and convent of St. Gregory's, Canterbury, to a yearly pension of eight marks from it.*]

COMMISSARIO UT INQUIRATUR DE VALORE CUJUSDAM VICA-
RIE ET PER INQUISICIONEM CERTIFICETUR ARCHIEPISCOPUS.—
Robertus permissione divina Cantuariensis archiepiscopus et cetera
dilecto filio magistro Martino commissario nostro Cantuariensi
salutem graciam et benedictionem. Quia ut in nostra nuper visitacione recepimus prior et conventus monasterii sancti Gregorii
Cantuarie octo marcas a vicario ecclesie sancti Michaelis de Westgate civitatis ejusdem pro ipsa ecclesia sancti Michaelis recipere
consueverant annuatim ad quam prestacionem annuam iidem
religiosi jus sufficiens se habere contendunt, licet dicta ecclesia
sancti Michaelis parum amplius annis communibus valere
[Fo. 188ᵛ.] dicatur, tibi cum cohercionis | canonice potestate commit-
timus et mandamus quatinus dictis partibus convocatis de
valore annuo ecclesie sepedicte ac eciam de jure et possessione
dictorum religiosorum quo ad annuam prestacionem predictam
necnon omnibus et singulis premissa tangentibus juxta naturam
et modum in hujusmodi visitacionibus hactenus consuetum, omissis
dilacionum ambagibus veritatem inquiras et omni modo legitimo
quo sine juris offensa commode poteris investiges. Auditis insuper
hinc inde quo ad premissa propositis et receptis probacionibus
partium si quas attulerint super eis ac demum in facto concluso
certum diem quem videris oportunum ubicumque tunc et cetera
coram nobis prefigas et statuas partibus antedictis ad faciendum et
recipiendum in eodem negocio cum continuacione et prorogacione
dierum usque ad finalem decisionem ejusdem quod justicia suadebit,
ad quos diem et locum totum processum in ipso negocio habitum
una cum actis juribus et instrumentis ejusdem sub sigillo tuo nobis
transmittas inclusum. Quid autem feceris de premissis nos dictis
die et loco certifices per tuas patentes litteras harum seriem continentes. Datum ut supra proxime.

[*May 1st, 1296. Injunctions to be observed by the prioress and convent of Sheppey.*]

INJUNCTIONES A MONIALIBUS DE SCAPEYA OBSERVANDE.—
Robertus permissione divina et cetera dilectis in Christo filiabus
priorisse et conventui monialium de Scapeya salutem graciam et
benedictionem. De visitacione quam nuper in vestro monasterio

fecimus quousque injunctiones finales vobis exinde miserimus infrascripta precipimus observari. In primis ut in locis silencio deputatis et precipue in choro claustro refectorio et dormitorio silencium observetur et que contra fecerit pro qualibet vice disciplinas antiquutus consuetas recipiat, et nichilominus per duos dies infra claustrum se teneat nisi temporibus quibus in choro pro servicio vel refectorio pro refectione aut in dormitorio pro quiete communi horis ad ea consuetis debeat interesse, ita quod alibi infra duos dies hujusmodi non exeat quoquo modo. Si vero ultra tres vices non obstantibus dictis penis infringat silencium tanquam super hoc incorrigibilis habeatur et hoc statim nobis per priorissam postmodum nuncietur, et monialis sic delinquens in claustro exinde non exeundo remaneat quousque responsum nostrum super hoc habeatur. Item precipimus ut moniales rixantes vel verbis contendentes adinvicem preter disciplinas predictas pro qualibet contencione vel rixa statim postea per quatuor dies continuos in claustro vel choro aut capitulo seu refectorio aut dormitorio ut supra remaneant exinde nullatenus exeuntes. Et si ultra tres vices tale delictum commiserint statim de ipsis tanquam de incorrigibilibus nobis ut premittitur demandetur, et quousque nostrum quo ad id habeatur responsum, eedem moniales in clauso remaneant ut superius est expressum. Item precipimus ut moniales de suis excessibus vel peccatis in capitulo reprehense penitencias eis injungendas cum humilitate recipiant et perficiant sine mora, ita quod super hoc contra presidentes non garulent nec contendant nec aliqua monialis aliam super hoc defendendo vel contra presidentem super hoc garulando loquatur. Et que contra premissa vel eorum aliquod fecerit, disciplinas statim subeat antedictas, et nichilominus per sex dies continuos in claustro et aliis locis prenotatis non exeundo ab eis remaneat et post tres vices de ipsis tanquam incorrigibilibus ut superius tangitur nuncietur, et taliter delinquentes sic in clauso remaneant quousque nostrum habeatur in ea parte responsum. Item inhibemus sub pena excommunicacionis ne moniales alique secretas conventiculas faciant [Fo. 189.] vel aliquid conspirando | provideant per quod caritas vel unitas in conventu valeat impediri. Et si contra factum fuerit hoc nobis per priorissam illico demandetur et taliter conspirantes infra claustrum ut supra remaneant quousque nostram super hoc remandaverimus voluntatem, et aliquam cameram loco carceris deputaverimus in quibus taliter delinquentes et incorrigibiles recludantur. Tibi vero priorisse predicte sub pena excommunicacionis precipimus ut premissa facias observari. Prohibemus insuper ne qua monialis pecuniam vel aliam rem sibi donatam aut aliqualiter adquisitam sibi retineat sine expressa licencia priorisse, sed hoc statim quam cicius oportune fieri poterit priorisse deceat[1] [ac] pecuniam vel rem hujusmodi de ipsius priorisse consensu retineat in usus honestos et ydoneos convertendam.   In ceteris vero excessibus et delictis sine accepcione personarum quacumque juxta qualitatem delicti et condiciones personarum ipsarum penitencie imponantur.   Celeraria eciam suis commonialibus cum quicquam ab ea petierint mansuete respondens potum eis cum inter horas escarum ex necessitate petierint infra refectorium humane tribuat et ministret.   Ut eciam commune solacium habeatur ordinamus et volumus quod post cenam diebus singulis moniales in refectorio convenientes collacionem potus sicut ceteri religiosi faciunt habeant in communi; de ostiis vero tempore oportuno claudendis et de ceteris que ad religionis honestatem pertinent et precipue de injunctionibus in domo vestra per bone memorie Robertum de Kyllewardby quondam archiepiscopum Cantuariensem predecessorem nostrum provisis ut efficaciter observentur vestras consciencias oneramus.   Caveant ergo singule moniales vestri conventus ne quicquam faciant vel procurent clam vel palam per quod impediatur in domo vestra caritas unitas aut religionis honestas, et quod priorissa ac cetere presidentes in ejus absencia in correccionibus et ceteris que ad religionem pertinent discrecionem et moderamen adhibeant et moniales suis superioribus devote obediant et intendant sub pena gravissima quam contravenientibus infligemus.   Hec omnia quousque ad vos finales injunctiones nostras miserimus sub penis predictis precipimus observari.   Datum in monasterio vestro predicto kal. Maii anno domini m^{mo} cc^{mo} nonagesimo sexto consecracionis nostre secundo.

———

[*April 26th, 1296.   Confirmation, on appeal, of the judgment given in favour of William Wymund*]

SENTENCIA CONFIRMATORIA PRO WILLELMO WYMUND CONTRA YSOLDAM DE STRADDENN'.—In dei nomine Amen. Auditis et intellectis meritis cause appellacionis mote et agitate coram domino Roberto dei gracia Cantuariensis archiepiscopo tocius Anglie primate seu auditoribus causarum ejusdem super confirmacione cujusdam diffinitive sentencie dudum late per magistrum Martinum. commissarium Cantuariensem contra Ysoldam de Straddenn' mulierem et pro Willelmo Wymond de

---

[1] Sic MS., cf. fol. 63, doceat.

Newyndenn' quem mulier ipsa coram commissario petebat in virum, a qua ad audienciam bone memorie Johannis dudum Cantuariensis archiepiscopi primo et postmodum a confirmatoria sentencia per auditores causarum ejusdem archiepiscopi subsecuta per partem mulieris ejusdem ad sedem Cantuariensem extitit appellatum, pronunciato prius pro voce appellacionis ejusdem ultimo interjecte et rimatis processibus super hiis habitis eisque plenius intellectis ac demum in facto concluso quia sentenciam ipsam diffinitivam primam rite vidimus esse latam, ac per auditores causarum dicti Johannis dudum Cantuariensis archiepiscopi juste et legitime fuisse postmodum confirmatam, nos Robertus de Ros Londoniensis et Johannes de Bestan Herefordensis canonici dicti patris nunc archiepiscopi commissarii generales seu [Fo. 189ᵛ·] auditores causarum ejusdem | invocata spiritus sancti gracia bene fuisse tam in prima quam secunda sentenciis supradictis pronunciatum et male ab ipsis sentenciis appellatum[1] sentencialiter pronunciamus ipsam sentenciam diffinitivam originalem ac eciam confirmatoriam ejusdem finem confirmantes. In cujus rei testimonium sigillum dicti domini Roberti nunc archiepiscopi Cantuariensis presentibus est appensum. Actum et datum apud Tenham sexto˙kal. Maii videlicet in crastino sancti Marci ewangeliste anno domini m^{mo} cc^{mo} nonagesimo sexto et consecracionis dicti domini Roberti secundo.

———

[Undated. Commission to the vicar of Reculver to see that certain persons undergo the penances imposed on them by the Archbishop and his commissaries.]

COMMISSARIO RECTORIS ECCLESIE DE RACULURE UT SUPER DIVERSIS CRIMINIBUS ET EXCESSIBUS DIFFAMATI ET CONVICTI PENITENCIAS SUBEANT QUE SIBI PER ARCHIEPISCOPUM ET SUOS COMMISSARIOS FUERUNT INDICTE.—Robertus permissione et cetera dilecto filio . . commissario rectoris ecclesie de Raculure et perpetuo vicario loci ejusdem salutem graciam et benedictionem. Quia nuper in nostra ibidem visitacione plures comperimus super diversis criminibus et excessibus diffamatos quorum aliquibus ut convictis certe penitencie per nostros commissarios sunt indicte et de aliis est plenius inquirendum, vobis cum cohercionis potestate committimus et mandamus in virtute obediencie et sub pena excommunicacionis majoris firmiter injungentes quatinus omnes illos quibus penitencie taliter indicuntur per suspensionis et majoris ex-

---

[1] MS. apellatum.

communicacionis sentencias in personas eorum de die in diem, si in hac parte rebelles extiterint, ut ipsas penitencias subeant premissa monicione canonica compellatis, quorum nomina et penitencie sepedicte in quadam cedula sigillo nostro signata quam vobis transmittimus plenius continentur. De aliis vero in alia cedula vobis sub eodem sigillo transmissa contentis volumus et mandamus ut ipsis personaliter coram vobis citatis, et objectis eisdem per vos criminibus seu excessibus de quibus sic nobis seu commissariis nostris denunciatum extiterat, si ea negaverint inquiratis super hiis per viros ydoneos ad id de veritate dicenda juratos diligencius veritatem, eis purgacionem canonicam juxta qualitates excessuum indicentes contra quos inquisicio non de veritate facti sed de fama dumtaxat astruet seu deponet; de adulterio quoque vel fornicacione sponte confessis pro adulterio duas fustigaciones per mercatum proximum et duas alias circa suam parochialem ecclesiam, pro fornicacione autem simplici duas alias circa ecclesiam parochialem per dies dominicos ante processiones ejusdem in suis dumtaxat camisiis ac femoralibus subeundas; convictis vero per inquisicionem aut purgacionis defectum, pro adulterio tres fustigaciones per mercatum et tres circa ecclesiam suam parochialem, pro fornicacione vero simplici tres circa ecclesiam modo quo superius tangitur indicatis, sed convictis de sortilegio sex fustigaciones per mercatum et sex circa suam ecclesiam parochialem ut supra. Usurariis vero convictis tres circa ecclesiam et unam per mercatum modo simili injungatis, compellentes ut premittitur omnes et singulos sic convictos ut penitencias faciant sic indictas ; contra illos siquidem qui se in nostra vistacione hujusmodi absentarunt et quos videritis de criminibus supradictis notatos quam cito redierint in forma qua supra tangitur acrius procedatis. Quid autem feceritis in premissis et de penitenciis sic completis ac eciam de rebellium quo ad ea seu excommunicatorum nominibus si qui fuerint nos plenius certificetis quam cito poteritis oportune.

[*May 16th, 1297. Commission to the Archbishop's commissary to see that William Orfreser and his wife do public penance.*]

COMMISSARIO CANT' QUOD WILLELMUS ORFRESER FACIAT PENITENCIAM PUBLICAM.—Robertus permissione divina Cantuariensis archiepiscopus et cetera dilecto filio . . magistro Martino commissario nostro Cantuariensi salutem graciam et benedictionem. Quia Willelmum dictum le Orfreser de Cantuaria a majoris excommunicacionis sentencia qua pro eo innodatus extiterat quod

Beatriciam uxorem suam occasione fustigacionis sibi per commissarios nostros indicte abortum[1] fecisse falso et maliciose asseruit ac
eciam publice predicavit in forma juris absolvimus, sibique loco
penitencie indiximus pro eodem excessu ut proximo die
[Fo. 190.] dominico | de quo super hoc monitus fuerit coram pro-
cessione in nostra Cantuariensi ecclesia publice facienda
in camisia et sola tunica discinctus incedens et flagellum virgarum
in manu sua gestans coram clero et populo publice fateatur se in
dicta assercione sua dixisse mendacium et in hoc deum et ecclesiam
ac eciam nos per idem mendacium nequiter diffamasse, et quod
per ceteros dies dominicos aut festivos de quibus similiter super
hoc requiretur in ecclesiis parochialibus civitatis predicte eodem
modo incedens hoc idem similiter coram clero et populo fateatur
unamque disciplinam in ecclesiis ipsis post quamlibet hujusmodi
confessionem recipiat, et nichilominus eidem Willelmo pro excessibus antedictis sex fustigaciones per mercatum Cantuarie indiximus,
tibi committimus et mandamus quatinus eundem Willelmum ut
coram processione et in ecclesiis ut prenotatur incedat et in forma
que superius tangitur fateatur dictasque disciplinas recipiat moneas
et inducas, et hoc peracto denunciari facias ipsum Willelmum taliter
absolutum. Execucionem vero dictarum fustigacionum differas
quousque a nobis super hoc habueris[2] aliud in mandatis. Prefatam
vero Beatriciam ab eadem excommunicacionis sentencia qua similiter ex causa predicta innodata existit sub penis memoratis quas
eidem per te indici volumus in forma juris absolvas, eamque
moneas et inducas ut modo consimili tam coram processione quam
in ecclesiis antedictis incedat et de suo errore ac mendacio ut
superius tangitur publice fateatur et disciplinas subeat antedictas;
fustigaciones insuper eidem mulieri taliter indicendas similiter
differas quousque aliud mandaverimus super eis, ipsam eciam
mulierem in dicta forma denunciari facias absolutam. Quid autem
feceris in premissis nos quamcicius oportune poteris plene certifices
per tuas patentes litteras harum seriem continentes. Datum apud
Maughfeud xvii kal. Junii consecracionis nostre anno secundo.

---

*[April 26th, 1296. Judgment of the Archbishop that the church of Hailsham is
a chapel dependent on the church of Hellingby, which is appropriated to the
abbot and convent of Bayham, and ordination of the vicarage of Hailsham.]*
ORDINACIO RECTORIE ECCLESIE DE HAYLESHAM CYCESTR'
DIOCESIS.—In dei nomine Amen. Robertus permissione divina

---

[1] MS. aborsum.   [2] MS. habuis.

Cantuariensis archiepiscopus tocius Anglie primas ad presencium
ac preteritorum solacium et cautelam providam futurorum. Lex
dei immaculata nos excitat zelusque caritatis inpellit ut religiosis
personis qui spretis vanitatibus seculi soli deo sub habitu et obser-
vancia regulari suo perpetuo servire promiserant, quietem ad id
congruam et temporalium facultatum presidium quibus se susten-
tare commodius ac manus ad pietatis opera largiores extendere
valeant vigilanti conamine procuremus; in cujus excogitato pro-
gressu certa consideracione perpendimus expedire ut litium et
jurgiorum materias que pacem et tranquillitatem incessanter impediunt odia generant et facultates piis ut premittitur usibus depu-
tandas extenuant quatenus est nobis possibile primitus amputemus
quibus ita subductis ad premissa commoda et majora via latior
apparebit. Exortis siquidem jamdudum litigiis inter religiosos
viros abbatem et conventum monasterii de Begeham Cycestrensis
diocesis ex parte una et magistrum Robertum de Blechendon'
super ecclesia seu capella de Haylesham quam dicti religiosi
ecclesie de Hellynggeleye eis appropriate capellam et ab eadem
dependentem esse dicebant, dicto Roberto premissa negante et se
ipsius ecclesie de Haylesham asserente rectorem ex altera; et
habitis inter eos exinde processibus variis ac diffusis ipsoque
Roberto primo ac postmodum domino Bogone de Clare qui post
ejusdem Roberti decessum ecclesiam prenotatam de Haylesham
tenuerat dictis litibus adhuc pendentibus indecisis viam universe
carnis ingressis, inter religiosos eosdem ecclesiam de Haylesham
memoratam tanquam ecclesie sue de Hellynggeleye ut supra
    capellam tenentes ex parte una et venerabilem fratrem
[Fo. 190ᵛ·] nostrum Gilbertum Cycestrensem episcopum loci | dio-
cesanum constancius asserentem sepedictam ecclesiam de
Haylesham tanquam ab antiquo matricem ac parochialem ecclesiam
debere per secularem gubernari rectorem ex altera, querelis arduis
noviter suscitatis et in curia Cantuariensi pro parte pendentibus,
partes eedem sanius informate et ad decisionem ydoneam premissorum et status dicte ecclesie ordinacionem per viam pacis
procedi debere concorditer annuentes et nostre ordinacioni ac
diffinicioni se in hac parte totaliter submiserunt, suasque submissionis ac renunciacionis litteras tam dicti religiosi pro se et suis
successoribus quam eciam prefatus episcopus pro se et ei succedent-
ibus in futurum necnon pro suo capitulo Cycestrensi ad id suum
adhibente consensum suis ad ea sigillis alternatim appositis nobis
sub certis tenoribus penes partes nunc sub sigillis residentibus
exhibebant. Nos itaque submissiones hujusmodi ad partium pre-

dictarum instanciam acceptantes ac assumentes in nos onus ex-
pedicionis supradicti negocii per viam ordinacionis finaliter faciende
racionem partium predictarum ad nostram super hiis informa-
cionem recepimus et ea[m] cum nostro consilio sepius revolventes
inspeximus. De proventibus eciam vicarie ecclesie de Haylesham
antedicte et de omnibus vicario loci ejusdem incumbentibus ac
aliis que negocium memoratum contingunt in partium predictarum
presencia inquiri fecimus diligenter, ex quibus ac ceteris omnibus
que circa premissa nos de jure vel equitate movere debuerant
enucleando perstrinximus et de jurisperitorum consilio super hiis
omnibus sepius requisito, pensatis ex intimo tam vexacionibus
dictorum religiosorum quam eciam cumulis sumptuum sepe per eos
de bonis monasterii prenotati circa prosecucionem premissorum in
diversis litigiis inpensorum et onere grandi pensionis annue eisdem
religiosis ea occasione ut dicebatur imposite quibus ipsum monasterium de Begeham realiter est gravatum cum presumpcionibus
aliis dicte dependencie que nos movent, invocata spiritus sancti
gracia finali deliberacione circa premissa decernimus, diffinimus,
declaramus, statuimus ac eciam ordinamus de hiis omnibus in hunc
modum. In primis videlicet quod dicta ecclesia de Haylesham cum
omnibus juribus ad ipsius rectoriam spectantibus tanquam capella
prefate ecclesie de Hellingleye et dependens ab ea predictis . .
abbati et conventui de Begeham et eorum successoribus ac monasterio loci ejusdem in usus proprios possidenda perpetuo in futurum
remaneat pleno jure, ipsamque ecclesiam seu capellam de Haylesham ex habundanti appropriamus eisdem salva vicaria perpetua in
capella seu ecclesia de Haylesham antedicta ; quam vicariam
taliter ordinamus, videlicet ut vicarius qui nunc est in ecclesia de
Haylesham antedicta et sui successores vicarii inposterum pre-
ficiendi ibidem plene percipiant omnes oblaciones in eadem
ecclesia faciendas, omnes obvenciones altaris ejusdem, scilicet
omnes minutas decimas ipsius parochie, lactis lane agnorum vitu-
lorum aucarum porcellorum molendinorum feni herbagii pasture
pannagii ortorum pomeriorum apium columbarum mercature silve
cedue venacionis et de croftis seu terulis que in eadem parochia
pedibus fodientur aut manualibus instrumentis per manus dumtaxat hominum aut mulierum ibidem, tanquam in mesuagiis
vel in ortis loco curtilagiorum colentur, salvis abbati et conventui
dicti monasterii de Begeham qui erunt pro tempore omnibus
privilegiis de immunitate decimarum eis competentibus et inposterum competituris quatenus juxta privilegiorum ipsorum
efficaciam et tenorem ac eciam consuetudinem hactenus habitam

[Fo. 191.] eis salvari poterunt aut debebunt, | ita tamen ut
iidem religiosi quo ad ecclesiam seu capellam eandem
de Haylesham tanquam rectores ejusdem locorum ordinariis
sint subjecti. Item percipiat vicarius mortuaria et legata
principalia parochianorum ejusdem et omnes alias minutas obvenciones ejusdem parochie ipsi ecclesie jure parochiali debitas et
hactenus consuetas quas rectores seu vicarii loci ejusdem nomine
rectorie vel vicarie percipere consueverunt, exceptis majoribus
decimis videlicet garbarum proventuum de terris ipsius parochie
per carrucas vel animalia cultis preter majores decimas subscrip-
tarum terrarum in augmentum vicarie hujusmodi assignatis, et
excepta mansione rectorie ipsius ecclesie seu capelle ac domibus
existentibus in eadem et terris dominicis ad rectoriam ipsam
spectantibus que quidem majores decime garbarum mansio rectorie
et ipsius edificia ac terre dominice rectorie . . abbati et conventui
de Begeham et suis successoribus in usus proprios perpetuo re-
manebunt excepta quadam porcione terre de manso rectorie predicte quam dicto vicario. et suis successoribus ibidem futuris
vicariis ad curtilagium et gardinum mittendum inibi assignamus.
Item quia porciones ad ipsam vicariam ut premittitur assignate
vicario loci ejusdem ad ejus onera supportanda sufficere non
videmus, assignamus ipsi vicario et eidem vicarie in perpetuum in
augmentum ejusdem omnes majores decimas provenientes de
quadam terra in parochia de Haylesham antedicta que vocatur la
Brok', que terra se extendit in longitudine ex parte boreali de
Meystreshetth' per regiam viam usque ad Pludygate, et sic circuit a
predicta Pludigate inter la merslonde et la marledelonde usque ad
domum Walteri ate Walle sicut per fossatum includitur, et a dicto
loco usque ad domum Willelmi ate Walle sicut per viam includitur,
et a domo dicti Willelmi usque ad cursum aque dictum Held-
hevene, et per dictum cursum ex parte australi usque ad
domum Richardi le Coy circueundo terram Willelmi le Lungher
et a domo Ricardi le Coy usque ad pontem nominatum Berebregge,
et a dicto ponte usque ad terram Symonis de la Hothe sicut includitur per cursum aque, et a terra dicti Symonis usque ad stratam
que ducit de Berebruchescruche versus la Maystreshetthe sicut
bundatum est inter terram ejusdem Symonis et terram Walteri de
Mereshale, et sic per dictam stratam usque ad Maystreshetthe ex
parte occidentali. Dictus quoque vicarius qui erit pro tempore
unum presbiterum secundarium sibi socium in cantu et lectura
ydoneum in dicta deservientem ecclesia et in adjutorium ipsius
vicarii in eadem parochia suis sumptibus sustinebit. Item inveniet

idem vicarius ceram ad luminare circa magnum altare, item vinum
et panem benedictum die Pasche, item vinum et panem ad cele-
brandum in ipsa ecclesia per totum annum, item thus ad incensum.
Dicti vero . . abbas et conventus de Begham et successores eorum
grangias et cetera edificia rectorie predicte suis sumptibus
[Fo. 191ᵛ·] in statu congruo sustinebunt, dictasque ma | jores decimas
et proventus terrarum dominicarum rectorie predicte in
grangiis ipsis et non alibi reponi facient et inibi triturari sub pena
amissionis ejusdem beneficii si contra fecerint quoquomodo. Iidem
eciam religiosi cancellum ecclesie supradicte de Haylesham suis
sumptibus refici facient quociens indigebit, et si tota corruerit
noviter fabricari. Invenient eciam iidem religiosi in ipsa ecclesia
libros et ornamenta congrua quociens fuerit oportunum, sed vicarius
ea sub fida et competenti custodia preter casum fortuitum quem
culpa ipsius vicarii non precesserit suo periculo servabit honeste,
modicas refectiones librorum et ornamentorum hujusmodi videlicet
in ligatura coopertura librorum et in consuendo vestimenta con-
fracta ac eciam lavando eadem idem vicarius sumptibus suis
agnoscet ; dictus eciam vicarius juncos inveniet in estate, et predicti religiosi stramina ad dictam ecclesiam et cancellum ejusdem
in hyeme. Sustinebit eciam idem vicarius omnia ordinaria onera
ejusdem ecclesie quo ad jura episcopalia vel archidiaconalia in
eadem. Dicti vero religiosi extra ordinaria onera ipsius ecclesie de
Haylesham rectoriam qualitercumque tangencia plene agnoscent
et ordinariis obedienciam facient tam pro ecclesia de Hellynggeleye quam pro dicta capella de Haylesham sicut pro ipsa ecclesia
de Hellynggeleye facere consueverunt. Ad ipsam vero vicariam
cum eam vacare contigerit, dicti abbas et conventus de Begeham
qui pro tempore fuerint episcopo Cycestrensi, vel cui presentaciones
beneficiorum ejusdem diocesis jure diocesano debebunt fieri, tanquam ipsius vicarie patroni personam ydoneam presentabunt.
Omnes vero processus prius coram quibuscumque judicibus habitos
de premissis inter partes predictas quatenus ut premittitur sub-
mittentes contingunt, subducimus per decretum et nullius fore
momenti in posterum declaramus. Si vero dicti religiosi cujuscumque exempcionis aut immunitatis obtentu seu quocumque
colore quesito contra hanc nostram ordinacionem quicquam
attemptare presumpserint, et de [eo] coram nobis seu nostris successoribus aut sede Cantuariensi vacante metropoliticam jurisdictionem
habentibus quibus hanc articulum specialiter reservamus summaria
cognicione convicti extiterint, nisi infra mensem post monicionem
unicam per nos nostros ve successores aut ut premittitur sede

vacante custodes super hoc eis factam id plene correxerint, suo jure quo ad prefatam ecclesiam seu capellam de Haylesham extunc prout ex nunc in hiis scriptis decernimus perpetuo sint privati. Hanc autem ordinacionem nostram in omnibus suis articulis in futurum observari precipimus salva nobis et successoribus nostris aut sede Cantuariensi vacante metropoliticam jurisdictionem habentibus quibus et hunc reservamus articulum potestate plenaria transgressores quoscumque ordinacionis presentis quociens opus fuerit canonice puniendi. In testimonium vero et memoriam premissorum sigillum nostrum presentibus est appensum. Actum et datum apud Tenham in crastino sancti Marci ewangeliste anno domini m^{mo} cc^{mo} nonagesimo sexto et consecracionis nostre secundo.

[*May 26th, 1299. Augmentation of the vicarage of Tutbury.*]

[Fo. 192.]

ORDINACIO VICARIE ECCLESIE PAROCHIALIS DE TUTTEBER' COVENTRENSIS ET LYCH' DIOCESIS.—In nomine domini Amen. Cum sede Coventrensis et Lychfeldensis diocesis per mortem bone memorie Rogeri episcopi loci ejusdem vacante super augmentacione vicarie ecclesie parochialis de Tutteberyr'[1] dicte diocesis inter Petrum vicarium loci ejusdem ex parte una et priorem et conventum monachorum Tuttesbur' ecclesiam ipsam in proprios usus habentes ex altera coram nobis Roberto permissione divina Cantuariensi archiepiscopo tocius Anglie primate custodiam supradicte diocesis tempore vacacionis hujusmodi jure metropolitico quo ad jurisdictionem ipsius diocesis spiritualem habente questio verteretur, nos demum servatis que in hac parte requiruntur solempniis de vicaria eadem minus ydonee per episcopum supradictum invenimus ordinatam ; taliter ordinamus ut ipsa vicaria in toto alteragio ipsius ecclesie et omnibus minutis decimis et oblacionibus ubilibet in ipsa parochia faciendis mortuariis ac obvencionibus quibuscumque extra decimam garbarum et feni ut infra ad ecclesiam ipsam jure parochiali spectantibus vel que in futurum poterunt pertinere consistat. Decime vero garbarum que de terris ab antiquo per carucas aratis aut in futurum arandis provenient et decima feni predicte parochie ad prefatos priorem et conventum tanquam ad rectores ipsius ecclesie pertinebunt, et oblaciones que ex singulari devocione fidelium quorumcumque in festis Annunciacionis dominice Assumpcionis et Nativitatis beate Virginis fient ad magnum

----

[1] *Sic* MS.

altare monachorum ipsorum in monasterio suo ibidem ac eciam
fraternitates inibi consuetè similiter ad religiosos pertineant ante-
dictos, dum tamen de qualibet fraternitate hujusmodi vicarius
loci predicti tantum percipiat quantum percipere hactenus consuevit, et de hujusmodi fratribus parochianis ipsius ecclesie vel in
eadem parochia decedentibus vicarius percipiat primam missam et
oblaciones faciendas in ea, ac eciam candelas quas dicti religiosi de
decedentibus hujusmodi percipere consueverunt ; vicarius quoque
sepeliendos in cymiterio parochianorum sepeliet et religiosi predicti
sepeliendos in cymiterio eorundem similiter sepelient vice versa.
Dicti vero religiosi omnia onera ordinaria qualitercumque ad
ecclesiam prenotatam spectancia subeant et agnoscant, libros et
ornamenta ac vestimenta que a parochianis de consuetudine non
inveniuntur, iidem religiosi invenient ; extraordinaria vero videlicet
decimas aut aliam quotam ipsi ecclesie casualiter inponendas dicti
prior et conventus pro rata sue porcionis in eadem ecclesia et
prefatus vicarius pro porcione suam vicariam tangente contribuant
et persolvant.   Idemque vicarius qui erit pro tempore per se ipsum
si poterit alioquin per sacerdotem ydoneum eidem ecclesie oportune
deserviat seu faciat deserviri.   Habeat eciam idem vicarius in
festis duplicibus unum diaconum in diaconatus officio suis sumptibus ad altare sancti Jacobi ministrantem, idemque vicarius vel
in ejus locum sacerdos ut supra diebus singulis celebret ad altare
sancti Jacobi memoratum vel ad aliud altare in navi ecclesie prenotate constructum, nec idem vicarius ut alibi in ipsa ecclesia
celebret aut quoque modo deserviat vel deserviri faciat oneretur.
      Habeat insuper vicarius omnes decimas molendinorum in
[Fo. 192ᵛ·] parochia | supradicta et mansionem in qua inhabitare
      solebat cum curtilagio et gardino ac clauso ejusdem.
Dictus vero vicarius et sui successores vicarii prefatis religiosis
tanquam rectoribus ipsius ecclesie in futurum obediant et intendant,
et de indempnitate religiosorum ipsorum quo ad premissa ad
eosdem religiosos spectancia sub sua fidelitate promittant; ipsi
eciam religiosi et successores eorum predictum vicarium qui erit
pro tempore quo ad ea que ad vicariam ut supra spectabunt
quatenus ad eosdem religiosos attinet conservabunt indempnes,
nichil penitus attemptantes quatenus in eis est in contrarium
attemptari.   Quod si fecerint duplum dampnum vicario qui pro
tempore erit unica sola monicione premissa resarcient et nichilominus ad arbitrium ordinarii pro delicto hujusmodi puniantur,
pena consimili dicto vicario suisque successoribus ibidem futuris
vicariis si contra aliquod premissorum fecerint per loci ordinarium

ut superius tangitur infligenda ; ut autem expressa declaracione
prohibita penis ad id contra transgressores appositis amplius tim-
eantur, specialiter inhibemus ne per religiosos predictos aut
successores eorum vel eorum intuitu quatenus id prohibere poterunt
per quemcumque bladum quod seu quale in ipsa parochia moli
solebat aut quod in eadem parochia, si dicta vicaria in pristino
statu maneret forsitan moleretur, ad molendum extra eandem
parochiam ex certa sciencia, ut ecclesie sepedicte vicarius decimam
inde non habeat asportetur, nec eidem vicario per religiosos prefatos
aut per alium seu alios contemplacione religiosorum ipsorum
quatenus iidem religiosi id prohibere seu impedire poterunt,
oblaciones aut decime seu obvenciones quecumque ipsi vicario
juxta presentis ordinacionis effectum, ut superius tangitur, debite
quibuscumque coloribus subtrahi aut diminui procurentur. Et
vice versa precipimus inhibendo ne idem vicarius qui erit pro
tempore aliquid contra religiosos eosdem clam vel palam qua
minus suas porciones eis ut premittitur reservatis plene percipiant
machinetur sub pena excommunicacionis majoris quam singulos
scienter contra prohibiciones predictas vel earum aliquam facientes
ipso facto ex nunc decernimus incursuros. Dicti vero religiosi ad
liberacionem aliquam prefato vicario prout prius solebant in
posterum faciendam nullatenus teneantur. Et hec omnia in perpetuum observari debere per precepti sentenciam declaramus.
Per hec autem que ad dicte appropriacionis effectum si de ipsius
viribus dubitetur, diocesano loci aut nobis seu nostris successoribus
sede Coventrensi et Lichfeldensi vacante nullum volumus prejudicium generari. Data et pronunciata sunt hec in manerio
nostro de Maghefeld' vii kal. Junii anno domini m^{mo} cc^{mo} nonagesimo sexto consecracionis nostre secundo presentibus dicto
vicario personaliter et prefatis religiosis per Nicholaum de Under-
wode clericum procuratorem eorum legitime constitutum.

[*June 6th 1296. Commission to the official of the archdeacon of Canterbury to hold
an inquiry as to whether there was a legal impediment to a marriage.*]

DE ACCUSACIONE MATRIMONII JAM CONTRACTI INFRA
CERTUM TEMPUS INSTITUENDA.—Robertus permissione et cetera
dilecto filio . . officiali archidiaconi Cantuariensis salutem
graciam et benedictionem. Insinuante nobis Lucia de Poywyk
muliere recepimus quod cum Symon de Renham dudum cum ea
matrimonium licet clandestine contraxisset et exinde postmodum

in facie ecclesie solempnitate secuta, iidem Symon et Lucia tanquam
vir et uxor diucius cohabitantes tres inter se liberos procreassent,
Johanna mater ipsius Lucye de contractu matrimoniali
[Fo. 193.] hujusmodi | non contenta palam asseruit et in partibus
de Renham ipsiusque vicinio publicavit quod Matilda
mater dicti Symonis prefatam Luciam in ejus baptismo de sacro
fonte levaverat, ipsoque impedimento perpetuo taliter publicato et
exinde orta contra contractum prenotatum infamia, licet de veritate
impedimenti hujusmodi hactenus non constaret, ipsi Symoni et
Lucie per archidiaconum supradictum ut dicitur erat inhibitum
ne simul cohabitare presumerent, quousque de impedimento predicto veritas detegatur; cujus inhibicionis optentu memorati
Symon et Lucya abinvicem separati remanserant biennio et
amplius jam elapso, infra quod tempus nichil super hoc actum
extitit aut processum. Ne igitur taliter contrahentes ulteriori
protractione morosa diucius sic separati remaneant et servitute
hinc inde debita mutuo se defraudent, tibi committimus ac firmiter
injungendo mandamus quatinus in ecclesia supradicta de Renham
et aliis vicinis eidem ecclesiis per tres dies dominicos aut festivos
proximos post recepcionem presencium intra missarum solempnia
denunciari publice facias et exponi quod omnes illi qui dictum
matrimonium accusare seu quicquam de impedimento predicto
denunciare voluerint, id infra certum tempus per te super hoc
moderandum coram judice competenti accusacionem ipsam in-
stituant seu impedimentum prefatum denuncient aut revelent sub
pena excommunicacionis majoris quam scienter contravenientes
seu id facere per maliciam aut negligenciam omittentes se noverint
incursuros. Et tu ipse nichilominus quam cicius poteris oportune
vocatis qui fuerint evocandi de premissis omnibus et precipue de
impedimento predicto per viros ydoneos de veritate dicenda
juratos et maxime per dictorum contrahencium parentelam
inquiras plenius veritatem, ipsamque inquisicionem nobis sine
more dispendio sub tuo sigillo transmittas inclusam. Quid autem
super hiis feceris nos tuis patentibus litteris harum tenorem
habentibus plene certifices cum id videris oportunum. Datum apud
Gillingham viij id Junii consecracionis nostre anno secundo.

[*June 11th, 1296. Commission to William de Staundone to hand over the custody
of the spiritualities of Coventry and Lichfield to the Bishop elect or his
official.*]

UT .. OFFICIALIS CONVENTR' ET LYCH' LIBERET CUSTODIAM
SPIRITUALIUM ELECTO CONFIRMATO EJUSDEM DIOCESIS VEL EJUS

OFFICIALI.—Robertus permissione divina Cantuariensis archiepiscopus tocuis Anglie primas dilecto in Christo filio magistro
Willelmo de Staundon' officiali nostro in Coventrensi et Lychfeldensi diocesi sede vacante salutem graciam et benedictionem.[1]
Quia electionem per Coventrensis et Lychfeldensis ecclesiarum
capitula de venerabili viro domino Waltero de Langgeton' canonico
Lychfeldensi domini pape capellano nuper in dicta Lychfeldensi
ecclesia celebratam nobisque per eadem capitula presentatam
duximus confirmandam, tibi committimus et mandamus quatinus
eidem electo per nos taliter confirmato seu ejus officiali aut vicario
quem ad partes illas ea racione duxerit transmittendum, custodiam
spiritualium episcopatus ejusdem liberes sine mora, salvis nobis ac
eciam nostre nocioni et decisioni inposterum omnibus correctionum
negociis dicte diocesis coram nobis aut nostras vices gerentibus
ante datam presencium inchoatis.   Et nos inde oportune certifices
cum super hoc fueris congrue requisitus.   Datum Cantuarie iij idus
Junii consecracionis nostre anno secundo.

[*June 11th, 1296.   Letter to the King asking him to show favour to the Bishop
elect of Lichfield, whose election has been confirmed by the Archbishop.*]

[Fo. 193ᵛ·]

UT REX CONCEDAT ELECTO COVENTR' ET LYCH' PLENAM
ADMINISTRACIONEM SPIRITUALIUM DICTE DIOCESIS.—Excellentissimo principi domino Edwardo dei gracia regi Anglie illustri
domino Hybernye et duci Aquitanie Robertus permissione divina
Cantuariensis archiepiscopus tocius Anglie primas salutem in eo per
quem reges regnant et principes dominantur.   Excellencie regie presentibus innotescat quod nos electionem nuper factam in Lychfeldensi ecclesia de discreto viro domino Waltero de Langgeton'
canonico Lychfeldensi in ecclesiarum Coventrensis et Lychefeldensis
episcopum et pastorem nobis per ecclesiarum ipsarum capitula presentatam, quam per diligentem examinacionem invenimus rite per
omnia celebratam auctoritate metropolitica duximus confirmandam, eidem electo plenam spiritualium administracionem predicte
diocesis concedentes. Quo circa serenitatem vestram attentis
precibus exoramus quatinus prefato electo in hiis que ad dignitatem
regiam pertinent de premissis favorem regium velitis inpendere

---

[1] Hand in margin.

graciosum. Valeat et crescat semper in domino regia celsitudo.
Datum Cantuarie iij° id. Junii anno domini m° cc° nonagesimo
sexto.

[*June 12th, 1296. Declaration by the Archbishop's commissaries that North
Street in the isle of Thanet is in the parish of the chapel of All Saints.*]

ORDINACIO STRATE PERTINENTIS AD CAPELLAM OMNIUM
SANCTORUM IN THANETO.—In dei nomine Amen. Cum de
finibus parochiarum sancti Nicholai et Omnium Sanctorum de
Thaneto quarum ecclesie seu capelle a matrice ecclesia de Raculure
Cantuariensis diocesis dependere noscuntur inter parochianos
capellarum ipsarum questio verteretur, facta super hiis inquisicione
per viros ydoneos in parochianorum ipsorum presencia diligenti et
tam inquisicione eadem quam eciam ceteris munimentis premissa
tangentibus diligenter inspectis, apparere videtur per sic exhibita
et ostensa quod strata que vocatur Northstrete a domo quondam
Johannis ad Aulam usque ad domum Ricardi le Rydere ex utraque
parte ejusdem strate in ecclesia Omnium Sanctorum supradicta
consistit [et ad] eandem ecclesiam seu capellam noscitur pertinere.
Unde nos Robertus de Ros et Thomas de Upton' auditores causarum seu commissarii generales venerabilis patris domini Roberti dei
gracia et cetera auditis et visis a parochianis antedictis circa premissa exhibitis et ostensis, et eo precipue ponderato quod auctoritate bone memorie Johannis dudum Cantuariensis archiepiscopi
factum extitit in premissis, quatenus ex hiis omnibus committere
possumus, sentencialiter declaramus quod dicta strata et omnes
terre ab utroque latere adjacentes eidem in parochia capelle
Omnium Sanctorum consistunt, et omnes stratam eandem inhabitantes ac eciam juxta eam ab utroque latere terras seu possessiones
habentes eidem capelle Omnium Sanctorum quo ad ea que jure
parochiali debentur intendant, et parochialia jura per omnia tribu-
ant ac persolvant quousque per omnia instrumenta legitima de con-
trario forsitan facta fide per competentem judicem aliud fuerit super
hoc declaratum. In testimonio itaque premissorum sigillum dicti
patris presentibus est appensum. Actum et datum apud Burn'
juxta Cantuariam in presencia parochianorum dictarum capellarum
ij id. Junii anno domini m° cc° nonagesimo sexto et consecracionis
nostre secundo.

[*Undated. Commission to the vicar of Reculver to announce publicly that the inhabitants of North Street, are parishioners of the chapel of All Saints.*]

UT VICARIUS DE RACULURE PUBLICET QUOD OMNES INHABITANTES IN NORTHSTRETE SINT PAROCHIANI CAPELLE OMNIUM SANCTORUM IN THANETO.—Robertus et cetera perpetuo vicario ecclesie de Raculure salutem graciam et benedictionem. Quia per inquisiciones sepius rite factas et per instrumenta legitima nobis exhibita constare videtur quod tota strata que vocatur Northstrete et terre collaterales ejusdem videlicet inter domum heredum Johannis de Aula et domum Ricardi Rydere ac eciam omnes in strata supradicta ex utraque parte manentes in parochia capelle Omnium Sanctorum de vadis in Thaneto consistunt, et inhabitantes stratam eandem ipsius

[Fo. 194.] capelle parochiani debent merito repu | tari, tibi committimus et mandamus quatinus id in capellis sancti Nicholai et Omnium Sanctorum de qua supra fit mencio ab ecclesia de Raculure dependentibus antedicta coram parochianis capellarum ipsarum sollempniter publicans quando hoc videris oportunum, omnes dictam stratam inhabitantes canonica cohercione compellas ut dicte capelle Omnium Sanctorum tanquam parochiani ejusdem in singulis jure parochiali debitis ac eciam consuetis intendant, et ibidem ut parochiani sacramenta et sacramentalia plene recipiant, ac eciam ut a lateribus dicte strate mesuagia terras seu possessiones habentes ad ipsius capelle refeccionem[1] et fabricam pro rata terrarum suarum juxta stratam eandem et suorum mesuagiorum in ea contribuant quousque aliud super hoc si de contrario per documenta legitima forsitan informemur, de novo duxerimus declarandum. Quod et nobis specialiter reservamus. Quid autem feceris in premissis nos plene certifices cum id videris oportunum. Datum et cetera.

[*April 26th, 1296. Mandate to the dean of Pevensey to induct the abbot and convent of Bayham into possession of the chapel of Hailsham.*]

INDUCTIO IN ECCLESIAM DE HAYLESHAM CYCESTR' DIOCESIS.—Robertus permissione et cetera dilecto filio . . decano de Pevenese salutem graciam et benedictionem. Quia visis juribus ac munimentis religiosorum virorum . . abbatis et conventus monasterii de Begeham ordinis Premonstratensis Cycestrensis diocesis super jure seu appropriacione ecclesie seu capelle de Haylesham, quam iidem religiosi ab ecclesia de Hellinggeleye eis

---

[1] MS. reflexionem.

ab antiquo appropriata dependere dicebant, et aliis que nos in hac parte movebant, juxta premissorum effectum et formam submissionis quam venerabilis frater Gylbertus dei gracia Cycestrensis episcopus de consensu sui capituli ecclesie Cycestrensis et dicti religiosi, inter quos videlicet episcopum ac religiosos super dicta ecclesia seu capella de Haylesham in curia nostra Cantuariensi questio vertebatur, in nos fecerant, omnibus rite peractis declarando decrevimus prefatam capellam de Haylesham ad dictam ecclesiam de Hellynggeleye tanquam ex ea dependentem de jure spectare ac per hoc ad prefatos religiosos et suum monasterium pertinere. Capellam ipsam de Haylesham nichilominus ex habundanti appropriantes eisdem tibi committimus et mandamus quatinus religiosos eosdem seu procuratori eorundem ipsorum nomine in sepedicte ecclesie seu capelle de Haylesham cum suis juribus et pertinenciis possessionem corporalem inducas seu efficaciter induci facias sine mora. Et nos inde plene certifices cum fueris congrue super hoc requisitus. Datum apud Tenham in crastino sancti Marci Ewangeliste anno domini m cc nonagesimo sexto consecracionis nostre secundo.

———

[*May 29th, 1296. Commission to the Archbishop's commissary to see that certain persons guilty of incontinence do public penance.*]

UT CONVICTI SUPER INCONTINENCIA IN VISITACIONE CIVITATIS CANT' FACIANT PENITENCIAM PUBLICAM.—Robertus permissione et cetera dilecto filio magistro M. commissario nostro Cantuariensi salutem graciam et benedictionem. Ut de penitenciis per nos seu commissarios nostros in visitacione civitatis nostre Cantuariensis delinquentibus nuper indictis que propter intemperiem aeris hucusque in suspenso remanserant, cessante jam impedimento hujusmodi execucio congrua non tardetur, tibi committimus et mandamus ut omnes illos qui penitenciam ipsam nullatenus inchoarunt, quod eandem incipiant, et quod alii primitus inchoantes penitenciam sic indictam pro parte saltem ulterius faciant, dum tamen temporis qualitas id sine periculo paciatur, statim receptis presentibus canonice moneas et per majoris excommunicacionis sentenciam de die in diem in rebellem ferendam et per ecclesias solempniter publicandam compellas, ita quod non plures quam duo de hujusmodi penitentibus uno die pariter fusti- |
[Fo. 194ᵛ·] gentur. Quid autem feceris in premissis et quantum de penitenciis ipsis quilibet predictorum peregerit nos plene

certifices tempore oportuno.   Datum apud Maghefeud iiij^{to} kal.
Junii consecracionis nostre anno secundo.

———

*[June 27th, 1296. Mandate to the official of the Bishop of Coventry and Lichfield
to give assistance to the clerk who has been appointed to collect the Archbishop's dues during the vacancy of the see.]*

QUALITER OFFICIALIS ALICUJUS DIOCESIS SEDE VACANTE
PER ARCHIEPISCOPUM CONSTITUTUS ELECTO POSTMODUM CON-
FIRMATO UNUM CLERICUM AD LEVANDA IN EADEM DIOCESI QUE
DE TEMPORE VACACIONIS DEBENTUR ASSIGNET.—Robertus permissione et cetera dilecto filio officiali Coventrensis et Lichfeldensis
electi salutem graciam et benedictionem.   Quia ut predecessorum
nostrorum temporibus quorum vestigiis inherere tenemur in casu
consimili factum ac observatum fuisse quo ad tempora retroacta
perpendimus, magistro Willelmo de Staundon' nuper officiali nostro
in diocesi memorata mandavimus injungendo ut unum ydoneum
clericum loco sui constituat et assignet ad levandum colligendum
ac eciam conservandum omnia perquisita et cetera in ipsa diocesi
pro tempore vacacionis predicte nostre elemosine seu nobis debita
undecumque, vobis in virtute obediencie firmiter injungendo precipimus et mandamus quatinus clerico per dictum magistrum W.
taliter assignato seu eciam assignando ad premissa celeriter et
complete levanda per coherciones canonicas in rebelles tanquam
ecclesie nostre libertatum et jurium offensores notorios ac per hoc
majoris excommunicacionis sentencia innodatos fideliter diligenter
et efficaciter assistatis, ad id tam studiose pro viribus intendentes
ut obediencie vestre devocio super hoc commendetur uberius et ad
libertates ac jura predicta prout tenemini conservanda vestra
patenter appareat debita gratitudo.   Datum apud Maghefeud
v kal. Julii consecracionis nostre anno secundo.

———

*[June 27th, 1296. Mandate to William de Staundone to hand over the rolls and
registers of the officiality of Coventry and Lichfield to the official of the
Bishop Elect, and to appoint a competent clerk to collect the Archbishop's
dues during the vacancy.]*

QUOD OFFICIALIS ALICUJUS DIOCESIS SEDE VACANTE PER
ARCHIEPISCOPUM CONSTITUTUS ROTULOS ET REGISTRA OFFICIALI
PER ELECTUM POSTMODUM ASSIGNATO LIBERET ET ASSIGNET.—
Robertus permissione divina et cetera dilecto filio magistro W. de
Staundon' nuper officiali nostro in Coventrensi et Lichfeldensi

diocesi sede vacante salutem graciam et benedictionem. Volentes ut convenit nostrorum predecessorum inherere vestigiis et ecclesie nostre Cantuariensis libertates ac jura tueri et juxta consuetudines hactenus approbatas efficaciter prosequi ut tenemur, tibi committimus et mandamus quatinus, liberatis officiali Coventrensis et Lichfeldensis electi de causis et litibus consistorii loci ejusdem prout est consuetum processibus rotulis et registris, unum clericum competentem assignes ac deputes loco tui ad levandum colligendum ac eciam conservandum ad nostram elemosinam, prout predecessorum nostrorum temporibus fieri consuevit et factum fuisse comperimus, singula in ipsa diocesi perquisita et nobis ibidem predicte vacacionis tempore debita undecumque, cui videlicet clerico per te taliter assignando officialis predictus ad id efficaciter exequendum prout eciam sibi scribimus diligenter assistet, et quoscumque super hoc resistentes necnon quacumque machinacione rebelles tanquam ecclesie nostre libertatum ac jurium offensores notorios ac per hoc ipso facto majoris excommunicacionis sentencia innodatos puniet et compescet. Et quid feceris in premissis nos plene certifices cum id videris oportunum. Datum apud Maghefeld' v kal. Julii consecracionis [nostre anno] secundo.

[*July 5th, 1296. Mandate to the vicar general of the Bishop of Coventry and Lichfield elect to complete the business concerning the increase of the vicar's portion in the church of Shenstone.*]

DE ORDINACIONE VICARIARUM PER INQUISICIONEM FACTAM SEDE VACANTE PER ELECTUM CONFIRMATUM POSTMODUM SEU IPSIUS VICARIUM FACIENDA.—Robertus permissione et cetera dilecto filio . . vicario domini Coventrensis et Lychfeldensis electi ipso in remotis agente salutem graciam et benedictionem. Quia super negocio augmentacionis vicarie ecclesie de Sheneston' dicte diocesis moto nuper sede prenotata vacante inter vicarium loci ejusdem ex parte una et abbatem et conventum monasterii de Oseneye dictam ecclesiam in usus proprios optinentes ex altera, de valore et oneribus tam rectorie quam vicarie ecclesie prenotate in partium predictarum presencia et de ipsarum assensu fecimus per viros ydoneos non suspectos veritatem inquiri ; juxta quam inquisicionem si vacacio supradicta durasset finis per [Fo. 195.] nos fuisset impositus ne | gocio memorato, vobis committimus et mandamus quatinus factum nostrum hujusmodi continuantes juxta inquisicionem premissam, quam vobis sub sigillo nostro inclusam transmittimus, assignata dicto vicario

porcione ydonea que ad sui sustentacionem et onera sibi incumbencia subportanda sufficiat, memorato negocio finem debitum
celeriter imponatis.   Assignavimus etenim partibus antedictis
secundum diem juridicum post festum sancti Jacobi apostoli coram
vobis ubicumque tunc in diocesi prenotata fueritis ad faciendum et
recipiendum in dicto negocio cum continuacione et prorogicione
dierum usque ad ipsius negocii expedicionem finalem quod justicia
suadebit.   De premissis quoque nos certificetis ydonee cum super
hoc fueritis congrue requisiti.   Datum apud Maghefeud iij non.
Julii consecracionis nostre anno secundo.

[*February 3rd, 1295.   New ordination of the vicarage of Aldington by the Archbishop.*][1]

ORDINACIO VICARIE DE ALDINTONE FACTA ET CONCESSA
PER DOMINUM ANNO DOMINI M° CC° NONAGESIMO SEXTO.—In
nomine domini amen.   Robertus permissione divini Cantuariensis archiepiscopus tocius Anglie primas.   Ad perpetuam rei
memoriam.   Que ad divini cultus augmentum et uberius regimen animarum a sanctis patribus predecessoribus nostris
provisa fuisse conspicimus, amotis que in eis adhuc relinquuntur
ambiguis, firmius roborare proponimus ut tenemur.   In ecclesia
siquidem parochiali manerii nostri de Aldinton' perpetuam
vicariam   primo   per   bone   memorie   Robertum   de   Kyle-
wardby ac postmodum per felicis recordacionis Johannem de
Pecham Cantuarienses archiepiscopos predecessores nostros in
diversis hujusmodi vicariorum personis vicibus successivis fuisse
conspicimus ordinatam, et ad ipsorum vicariorum sustentacionem
oblaciones ac minute decime et cetere obvenciones parochiarum de
Aldynton' et de Smethe ad altaria ecclesiarum ipsarum spectantes
exceptis minutis decimis provenientibus de terris ac pasturis
dominicis dicti manerii primo et postmodum per viam augmenti
eedem decime dominicorum ipsorum per dictum Johannem tunc
Cantuariensem archiepiscopum fuerant assignate, sed de institucione
Thome vicarii loci predicti cui dictum concedebatur augmentum,
ac eciam viribus ordinacionis ipsius augmenti quibusdam exortis
ambiguis in presencia Ricardi rectoris ac dicti Thome vicarii ecclesie
prenotate de Aldinton' de statu ipsius vicarii ac eciam vicarie predicte taliter ordinamus.   In primis siquidem prefatum Thomam,

----

[1] Above this entry the margin has been cut down to form a strip and folded
through, and the catch word Hassok' written on both sides.

quatenus de ipsius institutione ut superius tangitur hesitatur, perpetuum vicarium ex habundanti ex nunc in dicta ecclesia de
Aldintone et capella de Smethe dependente ex ea instituimus ad
cautelam, et curam animarum ipsarum ecclesie et capelle eidem
Thome tanquam perpetuo vicario loci ejusdem committimus,
ipsamque vicariam in proventibus dictorum alteragiorum una cum
augmento predicto debere consistere declaramus, confirmantes expresse quatenus ad nos attinet ac eciam approbantes quicquid de
porcionibus ipsius vicarie primo seu eciam per prenotatum augmentum per dictos predecessores nostros vel eorum alterum aut
eciam ipsorum vel eorum alterius auctoritate per quemcumque
    super hoc fuerit hactenus ordinatum decretum seu eciam
[Fo. 195ᵛ·] diffinitum; habeat eciam ecclesie supradicte vicarius | deci-
    mam pecunie de vendicione pannagii de parco ; de decima
vero garbarum proveniente de terris que pede fodiuntur vel manualibus instrumentis in dicta parochia sine caruca coluntur dicto
vicario assignatis taliter declaramus ut idem vicarius decimas garbarum hujusmodi de mesuagiis et curtilagiis ipsius parochie que
non consueverunt per carucas arari percipiat, nec per hoc de
angulis aut porciunculis camporum vel terrarum per carucas cul-
tarum dictus vicarius sibi vendicet sed ea ad rectorem dicte
ecclesie sicut cetere decime majores pertineant pleno jure.   Alia a
premissis jure parochiali debita in majoribus decimis dicto rectori
remaneant.   De oneribus siquidem vicarie predicte taliter ordinamus videlicet quod vicarius ipsius ecclesie qui pro tempore fuerit
unum presbiterum et unum clericum sufficientem in capella de
Smeth' supradicta sustineat qui in capella eadem in divinis officiis
prout decet et in ceteris que ad ipsius parochie regimen pertinent
temporibus congruis ministrabunt et ejusdem capelle parochianis
deservient competenter.   Idem eciam vicarius in dicta ecclesia de
Aldintone per se vel per sacerdotem idoneum ministrabit et ejusdem ecclesie parochianis in hiis que jure parochiali debentur eisdem
deserviet, et preter clericum aquam benedictam per eandem
parochiam deferentem habebit ac sustinebit idem vicarius unum
diaconum vel presbiterum secundarium in lectura et cantu ydoneum
ac eciam sufficientem qui similiter in eadem ecclesia in officio
diaconi ministrabit.   Idem insuper vicarius libros vasa et ornamenta dictarum ecclesie et capelle, que tamen ipsius rector inveniet,
integra munda et nitida conservabit seu faciet conservari, et vestimenta ejusdem ecclesie quociens opus fuerit consui et lavari libros-
que ligari et vestimenta ac cetera ornamenta refici cum fuerit
oportunum.   De ipsorum eciam librorum vestimentorum ac orna-

mentorum custodia excepto casu fortuito qui provideri non
poterit suo periculo respondebit. Erunt eciam idem vicarius
et ipsius presbiteri ac clerici supradicti rectori ipsius ecclesie
de Aldintone, cujus ipse vicarius vicem gerit, tanquam suo
quo ad id superiori in preceptis canonicis et mandatis obedi-
entes humiliter ac eciam intendentes, ipsique presbiteri seu
clerici stipendarii in sue administracionis exordio juramentum
fidelitatis dicto rectori prestabunt et obedienciam sibi facient
manualem, ac humano more vicarius in vicaria eadem con-
tinuam residenciam faciet personalem. In testimonio vero premissorum memoriam sigillum nostrum presentibus est appensum.
Actum et datum in manerio nostro de Aldyntone iij non. Februarii
anno domini m° cc° nonagesimo quinto consecracionis nostre
secundo.

[*Undated. 1296. Memorandum that judgment in the case of the archdeacon of
Chester and others, who are charged with pluralism, is deferred until the
return from abroad of the Bishop Elect of Lichfield.*]

MEMORANDUM DE MAGISTRO ROBERTO DE RADESWELLE
ET ALIIS SUPER PLURALITATE BENEFICIORUM COVENTR' ET
LICHF' DIOCESIS.—Memorandum quod die proximo juridico post
festum sancti Jacobi apostoli anno domini m cc nonagesimo sexto
comparuit coram nobis Roberto permissione et cetera in manerio
nostro [de] Suthmallingg' magister Hugo de Merstone procurator
magistri Roberti de Radeswelle archidiaconi Cestrensis in negocio
in quo contra eundem archidiaconum super pluralitate beneficiorum
ac eciam quorumdam minorum custodia, quibus ecclesie dicebantur
        de facto fuisse collate per magistrum W. de Staundon'
[Fo. 196.] nostrum | nuper officialem in Coventrensi et Lichfeldensi
        diocesi sede vacante durante vacacione hujusmodi ex
nostra commissione specialiter procedebatur exhibitis instrumentis
quibusdam super hoc coram commissario antedicto; et cum constaret nobis legitime dictos diem et locum eidem magistro Roberto
per prefatum commissarium nostrum ut superius tangitur specialem
in dicto negocio fuisse prefixos. Nos demum plenius attendentes
quod ipsum negocium ad merum pontificale officium pertinet, quod
ad alium ex officii generalitate quacumque absque privilegio seu
commissione speciali non transit nec per alium sine commissione
hujusmodi regulariter poterit expediri, quia insuper de consuetudine dubitatur an similia et in causa consimili per commissionem
specialem inchoata negocia, et precipue cum in tantum processum

existat in ipso negocio, per nos aut per Electum ut superius tangitur confirmatum debeant terminari, nec adhuc per dictum commissarium nostrum qui ad nos nondum rediit de facto predicto informari potuimus ut deceret ; ut tam prefato Electo quam eciam nobis quo ad jus cognoscendi in dicto negocio prospiciatur uberius, processum ipsius negocii usque adventum dicti Electi in Angliam qui pro re publica in partibus transmarinis existit remanere debet decrevimus in suspenso, omnibus interim in eodem statu manentibus inconcusse partemque dicti magistri R. ab examine nostro sub ea forma dimittimus ista vice.

Similiter littera cum aliquibus additamentis exivit pro magistro Adam de Walton' precentore Lichfeldensis ecclesie et pro magistro Elya archidiacono Derbye.   Et pro magistro Luca de Ely cancellario ecclesie Lichfeldensis.

———

[July 28th, 1296. Letter from the Archbishop to Edward I asking him to send a mandate to the sheriff of Middlesex not to interfere in the case concerning the presentation to the church of Shepperton.]

SCRIBIT DOMINO REGI PRO ECCLESIA DE SCHEPERTON'.— Excellentissimo principi et domino suo reverendo si placet domino E. dei gracia et cetera Robertus permissione et cetera salutem in eo per quem reges regnant et principes dominantur. Vicecomes vester Middlesex' mandatum vestrum ut dicitur se habere pretendit ut Brunum de Podio per vos dudum ad ecclesiam de Seperton' Londoniensis diocesis, quam magister Jacobus de Monn tunc tenuerat, presentatum in ecclesia ipsa defenderet et manu teneret. Per quod idem Brunus contra suum consensum proprium, videlicet ut nos omnes lites inter eosdem Brunum et Jacobum super hoc habitos visis juribus partium breviter terminemus, et quod interim ipsa ecclesia ad securitatem utriusque partis, sicut est multociens in similibus consuetum, in nostris manibus remaneret, se tenet in eadem ecclesia per potenciam dicti vicecomitis et tenere proponit ut dicitur violenter, et nostras execuciones secundum dictum consensum rite factas impedit contra ecclesiasticam libertatem. Et quia proponimus deo dante dictas controversias, nisi per injuriam impediti fuerimus, celeriter et per viam justicie terminare, celsitudini regie supplicamus quatinus eidem vicecomiti mandare dignemini ut nostrum non impediat in hac parte processum, nec ipsum Brunum contra ecclesiasticam libertatem sustineat aut defendat. Ad aliud enim non intendimus deo teste nisi ad puram super hoc declinare justiciam et ad securitatem partium laborare. Ecclesie eciam prenotate proventus idonee colligi et ad opus illius cui debebuntur de jure servari integre faciemus vestro eciam juri quo ad hoc derogari non poterit quoquo modo. Valeat et crescat semper in Christo cum gaudio [Fo. 196ᵛ·] regia celsitudo. Datum apud | Suthmallingg' v kal. Augusti anno domini MCC nonagesimo sexto.

———

[*July 31st, 1296. Judgment by the Archbishop's commissaries in the case of the ewes bequeathed by Roger of Tilbury for the maintenance of a light in the church of East Tilbury.*]

SENTENCIA LATA PER COMMISSARIOS DOMINI ARCHIEPISCOPI DE OVIBUS MATRICIBUS ASSIGNATIS LUMINARI BEATE MARGARETE IN ECCLESIA DE ESTTILLEBERY.—In dei nomine amen. Auditis et intellectis meritis negocii juxta sui qualitatem summarie moti et agitati inter parochianos ecclesie de Esttyllebery Londoniensis diocesis actores seu ipsius negocii promotores ex parte una, et Johannem Bussh clericum, Leciam quondam uxorem Rogeri de Tyllebery ac Ricardum de Preston' executores testamenti prefati Rogeri reos ex altera, de decem et novem ovibus matricibus ad sustentacionem luminaris beate Margarete in ecclesia de Est Tyllebery antedicta dudum assignatis et prefato Rogero per dictos parochianos sub certa forma traditis et concessis, videlicet ut salvis capitibus seu animalibus ipsis idem Rogerus dum oves easdem teneret duos denarios pro qualibet ove ad luminare prefatum solveret annuatim. Proposita videlicet peticione hujusmodi et lite ad id verbis negativis legitime contestata juratisque partibus de calumpnia et de veritate dicenda et productis quatuor testibus per partem hujusmodi promoventem, juratis et examinatis ac dictis eorum legitime publicatis dato eciam die in eodem negocio ad sentenciam seu pronunciacionem finalem super hoc audiendam, omnibusque secundum naturam et qualitatem ipsius negocii rite peractis, quia constat per probaciones easdem dictos parochianos suam intencionem super hoc rite ac sufficienter fundasse, nos R. de Ros canonicus ecclesie Londoniensis venerabilis patris domini R. dei gracia et cetera cancellarius et Thomas de Upton' rector ecclesie de Adesham dicti patris commissarii seu generales causarum ac negociorum sue curie auditores invocata spiritus sancti gracia pronunciamus decernimus ac eciam diffinimus et sentencialiter declaramus prefatos executores nomine dicti defuncti

teneri ad restitucionem sufficientem ovium predictarum matricum
et ad solucionem quadraginta et octo solidorum de arreragiis
redditus annui duorum denariorum pro qualibet ove predicta,
videlicet de viginti quatuor annis quibus idem Rogerus duodecim
oves ipsas sic tenuerat ; item sexdecim solidorum quatuor
denariorum de redditu annuo supradicto pro septem ovibus de
quatuordecim annis ab eodem Rogero dum vixerat et trium
solidorum ac duorum denariorum de ipso redditu pro commodo unius
anni de ovibus antedictis post mortem prefati Rogeri ab executoribus
memoratis recepto seu quod recipi poterant ab eisdem similiter debi-
torum prefate ecclesie de Esttyllebery seu ipsius parochianis ad
luminare prenotatum, teneri ipsosque executores ad oves sufficientes
et arreragia hujusmodi redditus sic prestanda.   Et in quinque marcis
sterlingorum pro expensis in ipso negocio factis taxatis legitime
et juratis eidem parochianis solvendis sentencialiter condemp-
namus.   Datum et pronunciatum in ecclesia prebendali Suthmallingg' ii kal. Augusti videlicet in vigilia festi sancti Petri ad
vincula.   Anno domini mº ccº nonagesimo sexto.

[*August 1st, 1296.   Mandate to the Dean of Bocking to compel the executors of
Roger of Tilbury to obey the judgment of the Archbishop's commissaries.*]

EXECUCIO SUPER EODEM PER . . DECANUM DE BOCKYNGE.—
Robertus permissione et cetera dilecto filio . . decano de Bokkyngg'
salutem graciam et benedictionem.   Quia in negocio coram te
primo ad nostrum speciale mandatum moto et inchoato et demum
per prefixionem tuam ad nos legitime devoluto inter parochianos
ecclesie de Esttyllebery ipsius negocii promotores ex parte una et
Johannem Bush clericum, Leciam quondam uxorem Rogeri de
Tyllebery ac Ricardum de Prestone executores testamenti prefati
Rogeri reos ex altera super restitucione decem et novem matricum
ovium dudum ad sustentacionem luminaris beate Mar-
[Fo. 197] garete in dicta ecclesia de Esttyllebery | assignatarum
dictoque Rogero sub ea forma a parochianis dicte ecclesie
traditarum ut idem Rogerus salvis ovium predictarum capitibus
solveret ad sustentacionem luminaris predicti pro qualibet ove
hujusmodi dum eas teneret duos denarios annuatim, omnibus in
ipso negocio rite peractis per nostros commissarios seu causarum
ac negociorum nostri auditores generales, prefati executores ad
restitucionem dictarum ovium sufficientem ac eciam solucionem
sexaginta septem solidorum et sex denariorum pro tempore quo

arreragia dicti redditus idem Rogerus oves ipsas tenuerat et pro unius anni commodo quod de ovibus ipsis a prefatis executoribus post mortem dicti Rogeri receptum extitit seu recipi poterat, necnon in quinque marcis sterlingorum pro expensis factis in lite hujusmodi taxatis ut convenit et juratis legitime condempnati existunt. Tibi committimus et mandamus quatinus statim receptis presentibus quam cicius fieri poterit oportune memoratos executores canonice moneas et inducas ut citra quindenam sancti Michaelis dictas oves sufficientes prefatis parochianis restituant, et parochianis eisdem predictos sexaginta septem solidos et sex denarios pro arreragiis dicti redditus et quinque marcas ut superius tangitur pro expensis parochianis predictis infra eundem terminum plene solvant, sub pena excommunicacionis majoris quam in dictorum executorum personis si sic per te moniti premissa quo ad restitucionem ovium et solucionem dictarum summarum pecunie infra terminum prenotatum non fecerint, ex nunc proferimus in hiis scriptis, et quam excommunicacionis sentenciam in executores eosdem nisi infra octo dies post dictam quindenam tibi constiterit oves sic esse congrue restitutas et prefatam pecuniam plenarie persolutam, ex tunc omnibus diebus dominicis et festivis, ac eciam in ecclesiis de quibus videlicet diebus et locis dictorum parochianorum nomine congrue requisitus extiteris intra missarum solempnia coram clero et populo facias publicari, ac eciam sub eadem sentencia inhiberi ne quis cum executoribus ipsis nisi in casibus a jure permissis quousque absoluti extiterint communicare presumat, et quos sic communicare repereris eos peremptorie cites seu citari facias nominatim quod die per te statuendo eisdem ubicumque tunc in civitate diocesi vel provincia Cantuariensi fuerimus compareant personaliter coram nobis, super hiis ac ceteris obiciendis eisdem ex nostro officio responsuri et de veritate dicenda super hiis juraturi penamque pro demeritis recepturi facturi et recepturi ulterius quod est justum. Istius autem mandati copiam cuilibet dictorum executorum sub tuo sigillo tempestive fieri facias seu offeras cum effectu. Quid autem feceris in premissis et in qua forma ea omnia executus extiteris ac eciam de citatorum nominibus si qui fuerint nos plene et distincte certifices quociens fuerit oportunum, et de hoc fueris congrue requisitus ita quod in primo certificatorio mandati presentis series inseratur. Datum apud Suthmalling' kal. Augusti consecracionis nostre anno secundo.

*[August 3rd, 1296. Mandate to the vicar general of the Bishop of Winchester to
relax the sentence of excommunication against the subprior of Tandridge, and
if the prior be guilty of dilapidation, to suspend him.]*

UT PRIOR COMPESCATUR A MOLESTIA CONFRATRUM ET DE
ALIIS UT PATET.—Robertus permissione et cetera dilecto filio
venerabilis fratris nostri domini J. dei gracia Wyntoniensis episcopi
in absencia sua vicario seu custodi spiritualitatis episcopatus
ejusdem salutem graciam et benedictionem.   Querelam fratris
Johannis de Haunsard supprioris monasterii de Tannrugg' dicte
Wyntoniensis diocesis gravem recepimus continentem quod frater
Johannes de Codham prior monasterii supradicti bona ipsius dilapi-
dans et consumens multisque criminibus irretitus ac eciam
[Fo. 197ᵛ·] super hiis notorie diffamatus suppriorem predictum | suos-
que confratres loci ejusdem in necessariis ut convenit
exhibere diucius recusavit seu eciam non curavit ipsos fratres contra
religionis debitum male tractans ; super quo prefatus Wyntoniensis
episcopus de justicia super hoc facienda dictorum canonicorum
nomine sepius et cum instancia debita requisitus hucusque congruum
adhibere remedium non curavit, et prefatus prior suos excessus
adhuc periculose continuans et augmentans suppriorem predictum
non convictum non monitum sed pocius contra eum occasione
premissa spiritum indignacionis concipiens majoris excommunicacionis sentencia absque causa racionabili perperam innodavit, de
quibus idem supprior a nobis humiliter petiit tam monasterio
supradicto quam sibi suisque fratribus et concanonicis antedictis
oportuno remedio providere.   Ut igitur tam rebus ipsius ecclesie
quam personis super hoc prospiciatur uberius, vobis injungimus et
mandamus quatinus statim receptis presentibus quam cicius fieri
poterit oportune faciatis predictam excommunicacionis sentenciam
in forma canonica relaxari, dictumque priorem ut suos confratres
convenienter exhibeat et honeste pertractet per censuram ecclesiasticam coherceri, ac eciam de ipsius prioris excessibus defectibus
et offensis per reformacionem idoneam fieri quod est justum.
Et si idem prior sic reperiatur de dilapidacione suspectus
administracionem bonorum ipsius monasterii eidem protinus
interdici et ejusdem monasterii tam in personis quam rebus quo
ad premissa indempnitati provideri ; ita videlicet ut singula taliter
corrigenda suo ordine prout decet et expedit citra festum sancti
Michaelis cum ingens necessitas et utilitas evidens id exposcat
idonee corrigantur.   Alioquin prefatum priorem peremptorie
faciatis citari quod die Lune proxima post dictum festum ubicumque et cetera personaliter coram nobis compareat[1] tam nobis

---

[1] MS. compareant.

quatenus premissa nostrum contingunt officium quam eciam suppriori predicto suisque concanonicis secundum juris exigenciam responsurus et de veritate dicenda, super hiis prout est juri consonum juraturus facturus et recepturus ulterius quod est justum. Ad quos diem et locum vos ipsi compareatis similiter si vestra videritis interesse. Vos insuper inhibemus et per vos dicto priori ac ceteris quibus est inhibendum firmiter inhiberi mandamus ne dicta querela seu negocio memorato coram nobis pendente seu eciam occasione premissorum quicquam ˙attemptetis vel attemptent faciatis seu faciant attemptari in partis prejudicium conquerentis aut alicujus de concanonicis antedictis, et precipue ne dictis suppriori et fratribus aut eorum alicui sua interim necessaria seu ibidem de jure vel de laudabili consuetudine debita subtrahantur. Quid autem feceritis in premissis nos dictis die et loco plene et patenter in omnibus certificetis per vestras patentes litteras harum seriem continentes. Datum apud Suthmalling' iij. non . Augusti consecracionis nostre [anno] secundo.

[*August 6th, 1296. Letter to the Bishop of Durham, begging him, if it should be proposed to the King's Council that the Archbishop should go to France about terms of peace, to have him excused on account of his financial difficulties.*]

UT DUNELM' EXCUSAT CANT' NE PRO TRACTATU PACIS EAT IN LONGINQUUM UBI NIMIIS SUMPTIBUS GRAVARETUR.— Venerabili in Christo patri et amico si placet pre ceteris confidenti domino A. dei gracia Dunelmensi episcopo suus carus et ad beneplacita promptus Robertus permissione divina Cantuariensis archiepiscopus tocius Anglie primas salutem et sincere dilectionis amplexum. Fedus amicicie rite concepte desiderat ut amicus amici statum ardenti studio sepius investiget et vos ea racione requirimus affectuose rogantes ut statum vestrum et [Fo. 198.] utinam prosperum nobis per presen | cium bajulum aut alium intervenientem plenius intimetis. Ad hec perlato nobis rumore recenti quod in quodam tractatu cito ut creditur post mensem septembris cum consilio regis Francie de viis ad pacem preambulis in partibus transmarinis habendo, cardinales qui ad id interponunt concorditer partes suas episcopos et magnates Anglie ac ceteros ipsius incolas circumspectos ad tractatum eundem advocare conantes, personam nostram ad hoc inter ceteros nominarunt. Sed ut nostis pro parte et veritas sic se habet plurima impedimenta nos retrahunt quo minus iter hujusmodi assumamus. In primis videlicet moles quasi importabilis debitorum quibus

circiter ad valorem triennii archiepiscopatus predicti in presenti
astringimur, et nichilominus per particulas undique sumptuosas
hucusque quesivimus victum nostrum, precipue cum omnia blada
nostra in Kancia fuissent et sint a regalibus occupata. Custodia
eciam maris in comitatibus Kancie et Sussex' in quibus fere omnes
terras et possessiones nostras habemus multipliciter nos gravavit.
De modico tamen quod nobis in dicto comitatu Sussex' superest
simpliciter vivimus ista vice. Comes insuper Bononie juxta mare
qui ab archiepiscopis Cantuariensibus magnum sibi vendicat in eorum
primo adventu tributum, et qui nostros predecessores archiepiscopos
exinde graviter fatigare solebat tributum simile a nobis exigeret,
si terram ejusdem comitis forsitan intraremus. Cum igitur
gravaminibus ipsis undique cumulatis si dictum iter presumeremus
assumere vix unquam nostris temporibus ad statum debitum nos
respirare contingeret, et eciam ut novit vestra circumspecta discre-
cio non deceret curam nostram tam arduam in qua hucusque
laborare nequivimus in hac nostra novitate deserere, amiciam vestram
fiduciali requirimus et rogamus affectu quatinus si in domini regis
presencia vel alibi in ipsius consilio de nostro hujusmodi transitu
verbum fiat aut aliud nobis nocivum in presencia vestra tangatur
ex causis premissis et aliis quas expedire videritis nos si placet
efficaciter excusare velitis. De aliquibus utique premissorum vobis
apud Otteford dudum tetigimus quando de tractatu cum rege
Alamannie tunc habendo et de mittendis ad id nunciis tangebatis,
et vos si recolitis excusaciones nostras super hoc acceptastis.
Satis probabiliter[1] benedictus altissimus quo ad sanitatem in presenti
valemus quod et de vobis audire petimus et optamus. Valete
semper in Christo et virgine gloriosa. Datum apud Suthmallingg',
ii. non. Augusti anno et cetera sexto.

[*August 7th, 1296. Letter to the Cardinal Bishops of Albano and Palestrina, in-
forming them that he cannot give his consent to the consecration of the
Bishop elect of Lichfield abroad by other bishops without consulting his
chapter of Canterbury.*]

EXCUSACIO CANT' AD CARDINALES QUOD NON POTEST
INCONSULTO CAPITULO DARE LICENCIAM ELECTO RECIPIENDI
MUNUS CONSECRACIONIS AB ALIIS EPISCOPIS.—Patribus reverend-
is et dominis in Christo karissimis dominis B. Albanensi et S.
Penestrensi dei gracia ecclesiarum episcopis et sacrosancte Romane
ecclesie cardinalibus suus devotus Robertus et cetera salutem et ad
beneplacita se paratum cum honore et reverencia tantis patribus

---

[1] *Sic* MS., some words must be omitted.

debita ac devota. Super eo quod vestris nuper litteris deprecatoriis nos rogastis ut domino Waltero de Langetone Coventrensi et Lichfeldensi electo per nos nuper canonice confirmato quem pro commissis vobis ab apostolica sede negociis ad vos prout per sedem eandem de prelatis et aliis personis ecclesiaticis vobis conceditur evocastis et quem habetis necessario pro eisdem negociis per aliqua tempora retinere, munus consecracionis a quibuscumque episcopis catholicis vellet recipendi licenciam largiremur, nuncio vestro nequivimus intimare responsum, precipue cum de [Fo. 198ᵛ·] facto hujusmodi nobis novo ac penitus | inaudito capituli nostri prius racione multiplici sit requirendus assensus, quos tam recenter post litterarum vestrarum exhibicionem propter distanciam longam et vie aspere ac montuose discrimen nobis facultas oportuna non patuit coùsulendi, sed ipsis super hoc oportune et cum ea qua poterimus celeritate consultis et cum consilio nostro undique nunc ut moris est in instanti tempore autumpnali disperso deliberacione prehabita, responsum certum et pro modulo nostre possibilitatis ydoneum tam vobis quam dicto electo proponimus plenius intimare ; satis quoque patenter et oculate conspicimus quantum immineret dispendium si memoratum electum redire contingeret ut scripsistis, sed ne exinde quoquo modo turbemini vobis certitudinaliter intimamus quod ipsius electi ut prenotatur absenciam tanquam legitime impediti quo ad premissa sufficienter habebimus prout eciam haberi debebit a singulis judicium racionis habentibus excusatam, ac eciam pro tanto rei publice commodo merito commendatam, precipue cum hujusmodi sua absencia per vestram vocacionem auctoritate sedis apostolice prout in litteris vestris sufficienter exprimitis, amplius ad excusacionem ydoneam roboratur ; de hoc quoque vobis domine ·· . Albanensis pro parte tetigimus quando simul exinde ultimo tractabamus. Valete semper in Christo Jesu. Datum apud Suthmallingg' vii. id. Augusti anno domini et cetera sexto.

[*August 6th, 1296. Similar letter of excuse to the Bishop Elect of Lichfield.*]

EXCUSACIO CONSIMILIS EIDEM ELECTO.—Robertus permissione divina et cetera dilecto filio domini W. dei gracia Coventrensi et Lychfeldensi electo salutem graciam et benedictionem. Reverendi patres et domini . . Albanensis ac Penestrinensis episcopi cardinales suis nuper litteris deprecatoriis nos rogarunt ut vobis de consecracione ab aliis episcopis admittenda licenciam largiremur assignantes pro causa potissima quod si vos pro hujusmodi consecracione in Angliam redire contingeret, negociis eisdem cardinalibus ab apostolica sede commissis impedimentum non modicum immineret, sed quia certum super hoc statim nequivimus nostro capitulo inconsulto et uberiore deliberacione prehabita tanquam de novo facto nobisque totaliter inaudito remandare responsum ; consulto capitulo et hujusmodi deliberacione quam cito poterimus oportune premissa curavimus[1] deo dante tam cardinalibus antedictis prout eis rescripsimus quam eciam vobis certum in hac parte responsum et oportunum pro viribus intimare. De cursu vero temporis absencie vestre nullo modo turbemini, vos enim super hoc vestramque absenciam tam necessariam et multi- pliciter oportunam tanquam impedimentum legitimum satis habemus et habebimus excusatam, de quo, quo ad id nullum concipiatis ambiguum, nec vobis exinde periculum poterit imminere. Suggesto siquidem sepe nobis quod decanus Lichfeldensis vester vicarius plures de eadem diocesi et precipue episcopi nuper defuncti predecessoris vestri familiares et clericos voluntarie et ultra solitum frequenter infestat, expedire credimus ut vel alium loco sui celeriter deputetis vicarium, vel sibi ut se super hiis retrahat et refrenet, vestris litteris efficaciter injungatis et hec vobis zelo justicie vestrique [et] ecclesie vestre commodi et honoris optentu scribimus novit deus. Valete. Datum apud Suthmallingg' viij id. Augusti consecracionis nostre anno secundo.

[*April 20th, 1296. Ordinance of the Archdeacon of Middlesex about the adminis-
tration of the endowment for lights in the church of Gilston.*]

[Fo. 199.]

ORDINACIO ARCHIDIACONI SUPER ANNUALIBUS LEGATIS AD LUMINARE ECCLESIE ET ORDINACIO EJUSDEM LUMINARIS.— Universis Christi fidelibus ad quorum noticiam hec scriptura pervenerit Radulphus de Mallingg' archidiaconus Middlesex' salutem in domino sempiternam.   Devocionem fidelium ad elemosinas largiendas lacius excitari conspicimus si elemosinas ipsas ad usus ad quos taliter conferuntur fideliter conservari et erogari plenarie videantur.   Ut eciam piis locis ac divinis usibus sic collata ex devocione suffragia taliter erogentur ad ordinariorum officium pertinet providere.   Audito siquidem ac plenius intellecto quod ad sustentacionem luminaris ecclesie de Gedeleston' nostri archidiaconatus tam per ipsius ecclesie parochianos quam eciam convicinos eisdem quadraginta oves et quinque vacce liberaliter

---

[1] MS. cura hujus.

sunt collate, ita videlicet quod de ovibus luminare in corpore ecclesie coram cruce et de vaccis quinque cerei coram ymagine beate virginis in cancello sustineantur.   Luminare vero in ecclesia sustinendum taliter ordinamus ut equales cerei fiant quorum quilibet tria dumtaxat quarteria unius libre contineat, et singulis diebus dominicis ac festivis majoribus cum clero et populo per diocesim celebratis continue ardeant dum magna missa cantatur, et bis vel ter in anno prout majus vel minus consumpti extiterint innoventur, videlicet in festis Natalis domini et sancte Margarete et tercio festo de quo videbitur oportunum.   Quinque vero cerei in cancello ut superius tangitur ordinati quolibet die per annum post magnam missam ardeant dum una antiphona de beata virgine decantatur. Ipsi vero quinque cerei cum fere consumpti extiterint prout expedire videbitur innoventur.   Et quilibet cereorum ipsorum dimidiam libram cere contineat neque amplius neque minus.   De custodia vero dictorum animalium taliter ordinamus ut omnes parochiani ecclesie de Gedeleston' supradicte insimul obligati remaneant ad ipsam custodiam et de animalibus ipsis vel precio infrascripto respondeant omni anno, videlicet pro qualibet ove si forsan mortalitate perierit duodecim denarii et pro qualibet vacca si ut supra deperdita fuerit vij solidi persolvantur, et per communitatem parochianorum ipsorum ac eciam eorum periculo animalia ipsa custodibus certis sub securitate congrua annis singulis innovanda tradantur, qui pro qualibet ove duos denarios in festo Pentecost' et custodes vaccarum pro qualibet vacca xii denarios die dominica proxima post festum sancti Michaelis coram parochianis in ecclesia annuatim persolvant, et eadem die dominica omnia animalia ipsa in ejusdem ecclesie cymiterio coram parochianis ducantur per quos parochianos inibi videatur an ipsa animalia in statu debito sint oblata, et tunc iterato tradantur per parochianos ad eorum periculum custodibus primis aut aliis sub securitate yd[on]ea ut superius est expressum.   Et ne dictus redditus protrahatur decernimus ut custodes ovium si in solucione prefati redditus duorum denariorum pro ove in ebdomada Pentecost' defecerint tres denarios pro qualibet ove infra quindenam post ea plene solvant.   Et nisi id fecerint extunc per parochialem presbiterum loci ejusdem, cui in hoc et in ceteris infrascriptis ac eciam alias presentem ordinacionem tangentibus cum cohercionis canonice potestate vices nostras committimus, majoris excommunicacionis sentencia innodentur et tales denuncientur publice usque ad satisfactionem ydoneam omni die, quod eciam de vaccarum custodibus quo ad satisfactionem redditus de eisdem post tempus eis ut supra statutum taliter observari

precipimus ut nisi prefato die dominico dictus duodecim denariorum
redditus persolvatur, postea infra quindecim dies decem et octo
denarios pro qualibet vacca persolvant. Et nisi id fecerint extunc
excommunicati denuncientur ut supra. Et si presbiter
[Fo. 199ᵛ·] parochialis in hiis vel eorum aliquibus | exequendis tepi-
dus fuerit aut remissus ipsum presbiterum graviter
puniemus. Idem vero presbiter pro sua diligencia et labore aliquam
exinde curialitatem recipiat prout parochianis videbitur oportunum.
Singula vero predicta quo ad animalia ad dictum luminare vel ad
ecclesie fabricam conferenda serventur. Premissa vero omnia in
capitulo nostro quolibet anno post festum sancti Michaelis proximo
celebrato precipimus recitari. Et volumus ac mandamus ut . .
officialis noster qui erit pro tempore ea cum effectu faciat exequi
et canonice puniat super hoc delinquentes. In testimonium vero
et memoriam premissorum sigillum nostrum presentibus est
appensum. Datum apud Tenham xii. kal. Maii anno domini
Mᵒ CCᵒ nonagesimo sexto. _____

[*August 30th, 1296. Mandate to the Bishop of London's official to notify the
excommunication of Brunus de Podyo and other persons named in all the
churches of the deanery of Middlesex and in the city of London, and to
sequestrate the fruits and obventions of the church of Shepperton.*]

GENERALIS ET SPECIALIS DENUNIACIO EXCOMMUNICA-
CIONIS CONTRA BRUNUM DE PODIO ET ALIOS NOMINATOS QUIA
CONTRA SUUM CONSENSUM CONSUMIT FRUCTUS ECCLESIE
QUORUM CUSTODIA EST ARCHIEPISCOPI.—Robertus permissione et
cetera dilecto filio . . officiali Londonensi vel ejus locum tenenti
salutem graciam et benedictionem. Licet super controversiis et
litibus dudum motis super ecclesia de Seperton dicte docesis inter
magistrum Jacobum de Mohun ex parte una et Brunum de Podio
ad eandem ecclesiam ut dicitur presentatum ex altera quorum
uterque ipsius ecclesie jam asserit se rectorem per nos summarie
terminandis et quod interim eadem ecclesia fructusque et obvenciones ejusdem in nostra custodia remanerent, fuisset per partes
easdem expresse consensum, nosque juxta consensum eundem
postea decano Middelsex¹ nostris dedissemus litteris in mandatis
ut ecclesie prenotate proventus colligeret et eos lite predicta
pendente sub salva custodia conservaret, dictus tamen Brunus
contra consensum hujusmodi temere veniens nostrique mandati
super hoc execucionem per potenciam laicalem violenter impediens
proventus eosdem occupat distrahit et consumit. Ac tam idem

---

¹ Auctoritatem or some such word omitted.

Brunus quam sui complices iń hac parte sepius moniti ut ab
injuria prenotata desisterent id facere hucusque renuunt et contemp-
nunt suas super hiis multiplicantes injurias et offensas, propter
quod prefatus decanus vice et auctoritate nostra et juxta formam
vim et effectum mandati nostri sibi directi prefatum Brunum, Adam
de · Hallyngebery, Philippum de Mardesleye, Galfridum de
Hallyngebery, Henricum clericum vicecomitis ut dicitur ejusdem
loci, Alexandrum le Warener, Willelmum de Welles, Henricum
capellanum dicti Ade de Hallingebery, Johannem de Londonia,
Willelmum de eadem clericos, Gilbertum Goseworn et Thomam
filium Galfridi de Hallingbery ipsius Bruni fautores in premissis et
nostre execucionis notorios perturbatores in majoris excommunicacionis sentenciam nominatim incidisse publice nunciavit, prout hec
per certificatorium ejusdem decani didicimus non est diu.   Ne
igitur in ecclesiastice libertatis prejudicium manifestum tante
presumpcionis obstinata rebellio ulterioris correpcionis effugiat
disciplinam et fructus ecclesiastici per laicos illicite occupentur
nostraque auctoritas indebite contempnatur, vobis committimus
et in virtute obediencie firmiter injungendo mandamus quatinus
tam dictum Brunum quam eciam superius annotatos suos in hac
parte complices nominatim et omnes alios fautores ejusdem in
        genere, domino rege et liberis ejus dumtaxat exceptis,
[Fo. 200.] de | quorum tamen beneplacito aut mandato non credimus
        nec credere possumus tales injurias processisse, in omnibus
dicti decanatus ecclesiis aut eciam in ecclesiis civitatis Londoniensis
de quibus fueritis congrue requisiti per quatuor dies dominicos aut
festivos proximos post recepcionem presencium intra missarum
solempnia denuncietis seu denunciari publice faciatis majoris excommunicacionis sentencia innodatos, facientes nichilominus sub
eadem pena in qualibet denunciacione hujusmodi inhiberi ne quis
cum dictis excommunicatis preter quam in casibus a jure permissis
scienter communicare presumat, aut vestras immo pocius execu-
ciones nostras in premissis inpediat quoquo modo sub pena
excommunicacionis majoris quam in contra venientes scienter
ut premittitur extunc ut ex nunc proferimus in hiis scriptis.
De quorum nominibus non tam diligenter quam fideliter inquiratis,
et quos culpabiles aut notatos inveneritis citetis seu citari faciatis
peremptorie una cum superius nominatis quod die per vos statuendo eisdem compareant personaliter coram nobis[1] ubicumque
tunc fuerimus in nostra civitate diocesi seu provincia Cantuariensi

---

[1] M.S. vobis.

de veritate dicenda super hiis juraturi penamque pro demeritis recepturi facturi et eciam audituri ulterius quod est justum. Fructus insuper et obvenciones omnes dicte ecclesie de Seperton' tam collectos quam eciam colligendos penes quemcumque seu quoscumque reposit fuerint seu inventi auctoritate nostra sequestretis seu sequestrari sine more dispendio faciatis, inhibentes nichilominus omnibus et singulis parochianis ecclesie supradicte ne dicto Bruno aut laice potestati decimas suas persolvant aut eisdem vel eorum alicui pro decimis hujusmodi satisfaciant quoquo modo, quin pocius in tante presumpcionis abusu eas penes se detineant, et seorsum cum integritate reponant donec a vobis aliud habuerint in mandatis. De die vero recepcionis presencium et quid feceritis in premissis ac eciam de hujusmodi citatorum nominibus nos dictis die per vos ut premittitur statuendo ac loco congrue distincte et aperte certificare curetis per litteras vestras patentes harum seriem continentes. Datum apud Slyndon' iii. kal. Septembris consecracionis nostre anno secundo.

[*September 3rd, 1296. Mandate to the Bishop of London's official not to carry out the above mandate, on account of the King's request to the Archbishop to wait for his return to London.*]

QUOD SUPERSEDEATUR AD TEMPUS DICTIS DENUNCIACIONIBUS AD INSTANCIAM REGIS—Robertus permissione divina et cetera dilecto filio . . officiali Londoniensi vel ejus locum tenenti salutem graciam et benedictionem. Meminimus nos in causa seu negocio que vel quod coram nobis vertitur seu verti speratur inter magistrum Jacobum de Moun ex parte una et Brunum de Podio ex altera super ecclesia de Seperton dicte Londoniensis diocesis vobis non est diu nostris dedisse litteris in mandatis ut dictum Brunum ac quosdam suos complices et fautores nominatim alios vero in genere auctoritate nostra majoris excommunicacionis legitime innodatos sic excommunicatos esse denunciaretis, ac faceretis publice nunciari ac alia in dicto mandato contenta execucioni debite manciparetis que in eodem expressius continentur; verum quia postmodo illustris rex Anglie nobis cum instancia supplicavit quatinus idem negocium dimitteremus in pace quantum ad nos dinoscitur pertinere quousque ad partes London' accessum habuerit personalem, nos precibus suis absque juris cujusque prejudicio quantum possumus condescendere cupientes, vobis injungimus et mandamus quatinus in execucione dicti mandati nostri medio tempore super-
[Fo. 200ᵛ·] sedere curetis illud nullatenus exequentes | donec a nobis aliud habueritis in mandatis. Et quid inde duxeritis

faciendum nos congruis loco et tempore certificare curetis per litteras vestras patentes harum seriem continentes. Datum apud Newetymbr' iij. non. Septembris anno domini Mᵒ CCᵒ nonagesimo sexto consecracionis nostre secundo.

————

[September 6th, 1296. Mandate to the dean of Henham and the vicar of Bumpstead to sequestrate the fruits of the church of Birdbrook and to cite persons who may have taken possession of them to appear before the Archbishop.]

PRO ECCLESIA DE BRIDEBROKE LOND' DIOCESIS.—Robertus permissione et cetera dilectis filiis decano de Hengham et perpetuo vicario ecclesie de Bomstede salutem graciam et benedictionem. Suscitata nuper inter Hillarium de Balnea ad ecclesiam de Bridebroke Londoniensis diocesis tanquam de jure vacantem ut asseruit presentatum et Hamonem dictum Peche asserentem ejusdem ecclesie se rectorem et possessioni ejusdem incumbentem materia questionis, venerabilis frater noster dominus R. Londoniensis loci diocesanus super vacacione dicte ecclesie contra dictum Hamonem ex officio procedens prefato Hillario hujusmodi officio promovente dictam ecclesiam de jure vacare sentencialiter declaravit, et predictum Hamonem a possessione ipsius quatenus de facto incumbebat amovendum fore decrevit ac ipsum amovit totaliter ab eadem, sepedictum Hillarium ad eandem ecclesiam presentatum admisit et ipsum quantum in ipso fuit alio ut premittitur destituto rectorem instituit in eadem. Cumque ex parte dicti Hamonis fuisset in negocio hujusmodi ex premissis ad sedem apostolicam et pro tuicione curie nostre Cantuariensis ut suggerebatur legitime appellatum, et tandem per appellacionem hujusmodi tuitorie et de consensu partium totum principale negocium ad eandem curiam nostram secundum ipsius curie modum et approbatam consuetudinem devolutum, essentque inter cetera tam dicti Hamonis a prefata ecclesia facta destitucio et amocio quam dicti Hillarii admissio institucio et in ipsius ecclesie corporalem possessionem missio tanquam attemptata post sentenciam seu decretum quod vim optinuit diffinitive sentencie a qua seu a quo legitime extitit appellatum, per presidentes tunc curie Cantuariensis predicte suadente justicia totaliter revocate, ac idem Hamo ad statum in quo tempore appellacionis sue fuerat restitutus et in corporalem possessionem dicte ecclesie plenius reinductus, partes prefate juxta consensum predictum in eadem curia super principali negocio memoratam ecclesiam contingente usque ad testium et ministrorum in eodem negocio productorum et exhibitorum publicacionem per procuratores suos legitime processerunt, sed antequam ad sentencie

seu decreti calculum poterat perveniri, prefatus Hamo ut premittitur restitutus et tanquam rector possessioni incumbens ecclesie ante-dicte carnis persolvit debitum universe.   Sane nominatus Hillarius adhuc pendente negocio hujusmodi in nostra curia ut superius diximus indiscusso et jure suo vel alterius injuria minime declaratis quod tamen fieri debuit in hoc casu, in possessionem dicte ecclesie se intrusit seu se intrudi per alium vel alios nullo superveniente novo jure minus provide procuravit, simplicitate nimia circumvent-us aut excogitata malicia depravatus in nostre jurisdictionis elusionem et offensam non modicam pariter et contemptum. Post quam autem de morte dicti Hamonis officiali nostro constiterat ut debebat, idem officialis rite procedens fructus ejusdem ecclesie sequestravit ne dictus Hillarius de cujus jure non liquet ut superius annotavimus, aut eciam quivis alius ipsius nomine vel defuncti donec de jure ipsorum plenius discussum fuerit indebite dissiparet.   Sed ut ex relatu predicti Hillarii jam didicimus quidam quorum nomina ignoramus se dicti defuncti executores nescimus qualiter pretendentes, decimas et ob-
[Fo. 202.] venciones ad dictam ecclesiam pertinentes hoc in | stanti[1] autumpno violenter et absque auctoritate quacumque eripiunt diripiunt dissipant et consumunt, ac de eisdem omnino disponunt pro sue libito voluntatis.   Quocirca vobis predicto quoque Hillario vos nominante et quantum in ipso est consenciente mand-amus firmiter injungentes quatinus dictos fructus auctoritate curie nostre ut premisimus sequestratos pro sequestratis habentes ipsos in fundo dicte ecclesie vel extra inventos collecto et colligendos quos per vos colligi volumus sub arto sequestro tenere curetis, prout inde nobis vel aliis ad quos pertinere debebunt volueritis respondere, proviso quod interim ecclesia predicta debitis obsequiis minime defraudetur, contradictores et rebelles per censuram ecclesiast-icam compescendo.   De nominibus predictorum dictas decimas et obvenciones temeritate propria colligencium ac dissipancium ut refertur diligenter nichilominus inquirentes et quos in hac parte reos inveneritis vel notatos citetis vel citare peremptorie faciatis quod compareant coram nobis quarto die juridico post festum sancti Michaelis Archangeli ubicumque tunc fuerimus in civitate diocesi vel provincia Cantuariensi nobis super premissis responsuri penamque pro demeritis suscepturi audituri ulterius et facturi quod justicia suadebit.   Quod si non ambo premissis interesse poteritis exequendis unus vestrum eo nichilominus confidenter exequatur,

---

[1] The MS. is wrongly numbered, going from Fol. 200 to 202.

alterius presencia minime expectata vel absencia excusata. De die vero recepcionis presencium et quid factum fuerit in premissis nos dictis die et loco distincte et aperte per litteras patentes harum seriem continentes certificare curetis vel certificet alter vestrum. Datum apud Slyndon' viij. id. Septembris anno domini m⁰ cc⁰ nonagesimo sexto consecracionis nostre secundo.

[*September 6th, 1296. Notification that the Archbishop has received 80 marks bequeathed by Gregory, a minor Canon of St. Paul's, for the poor.*]

PRO PECUNIA QUONDAM GREGORII MINORIS CANONICI LON-
DON' IN USUS PAUPERUM CONVERTENTES.—Pateat universis quod nos Robertus et cetera recepimus et habuimus a Ricardo de Olneya procuratore magistri Reginaldi de sancto Albano quater xx^u marcas sterlingorum de pecunia quondam Gregorii minoris canonici ecclesie sancti Pauli London' in Romana curia decedentis in pios usus pro anima ipsius Gregorii convertendas. In cujus rei testimonium has litteras dicto Ricardo patentes concessimus sigilli nostri munimine roboratas. Datum ut supra consecracionis ut supra proximo.

[*September 14th, 1296. Notification that the Archbishop has appointed a keeper of the vicarage of Pagham.*]

PRO VICARIO DE PAGHAM QUI CAUSA PEREGRINACIONIS AD TEMPUS PETIIT ABSENTARI.—Pateat universis quod cum nos Robertus permissione divina Cantuariensis archiepiscopus tocius Anglie primas dilecto filio Nicholao de Pydingho qui tanquam vicarius in ecclesia de Pagham nostre immediate jurisdictioni sub-jecta diucius curam gessit causa peregrinacionis ad tempus absentandi licenciam concesserimus petitam prius a nobis humiliter per eundem dilectum filium Galfridum Potel eidem vicarie medio tempore custodem prefecimus videlicet a festo sancti Michaelis proximo instante usque ad ipsius anni tunc incipientis circulum et revolutum. Datum apud Terringg' xviij⁰ kal. Octobris anno domini m⁰ cc⁰ nonagesimo sexto consecracionis nostre tercio.

[*September 27th, 1296. Mandate to the dean of Croydon, to hold an inquisition at Cheam, to discover if John de Bures trespassed in the warren of the Arch-bishop and prior and chapter, and if he be guilty to cite him to appear before the Archbishop.*]

PRO WARENNA DE CHEYHAM.¹—Robertus permissione et

---

¹ In the margin, Anno tercio.

cetera decano de Croyndon' salutem graciam et benedictionem. Cum nuper secundum inquisicionem generalem auctoritate nostra et ad mandatum nostrum per te factam nos certificare curaveris quod Johannes de Bures tam warennam nostram quam prioris et capituli ecclesie nostre Cantuariensis apud Cheyham violenter invadens cuniculos et lepores inibi existentes cepit et ipsam warennam propria temeritate destruxit, idem Johannes coram nobis comparens corporali prius de veritate dicenda prestito juramento respondit ad omnia supradicta quod warennam nostram nusquam contra voluntatem nostram seu nostrorum dictorum ve . .
[Fo. 202ᵛ·] prioris et capituli violenter intra | verat nec lepores aut cuniculos in eadem ceperat aut capi procuraverat ququo modo, inquisicioni contra ipsum speciali auctoritate nostra faciende de premissis sponte ac simpliciter se supponens. Quo circa tibi committimus et mandamus quatinus apud Cheyham sine dilacione morosa personaliter accedens per clericos et laicos fidedignos vocatis vocandis inquisicionem facias diligentem utrum prefatus Johannes violenter et presertim invitis seu contradicentibus aut prohibentibus ministris nostris vel prioris et capituli supradicti warennam hujusmodi sit ingressus, et an lepores et cuniculos seu alia ad eandem warennam pertinencia ausu temerario ceperit asportaverit vel abduxerit aut capi abduci vel per alium aut alios procuraverit seu premissis faciendis consensum prebuerit clam vel palam. Quod si per inquisicionem hujusmodi prefatum Johannem inveneris esse reum, ipsum cites vel citari facias peremptorie quod compareat coram nobis ubicumque tunc in civitate diocesi vel provincia Cantuariensi fuerimus ad certum diem per te congrue moderandum penam pro demeritis recepturus et ulterius facturus ac auditurus quod justicia suadebit. Quid autem feceris et inveneris in premissis nos congruis loco et tempore certificare procures per tuas litteras patentes et clausas harum seriem continentes. Datum apud Tenham V kal. Octobris anno domini mᵒ ccᵒ nonagesimo sexto consecracionis nostre tercio.

[*September 24th, 1296. Mandate to the Archbishop's commissary to hold an inquisition at Dover into the death of a little boy who was injured by a shovel which a chaplain was carrying.*]

UT INQUIRATUR SUPER TRANSGRESSIONE PER QUEMDAM CAPELLANUM IN PARVULUM NON EX PROPOSITO PERPETRATA.— Robertus permissione et cetera dilecto filio magistro Martino commissario nostro Cantuariensi salutem et cetera. Insinuavit

nobis Willelmus dictus Predican capellanus in domo dei Dovor'
nostre diocesis ut asserit moram trahens, quod cum nuper quandem
vangam longam in humeris dans operam rei illicite bajulasset, ac
ipsam post tergum inconsulte et non ex proposito declinasset seu
eciam depressisset, parvulus quidem occurrens et ipsum ex more
consueto a tergo tangere repentine deproperans in dictam vangam
acuto ferro inunctam nimis irruit inconsulte.   Unde contigit quod
idem parvulus aliquantulum in capite licet non atrociter vel letaliter
ledebatur et per mensem vel amplius ante casum paciens fluxum
ventris post vulnus inflictum infra triduum humane nature debitum
persolvebat ; propter quod idem capellanus de morte prefati
parvuli nuper in laicali curia irretitus per eandem fuerat carcerali
custodie mancipatus et subsequenter in eadem curia quantum ad
laicos pertinet a dicto crimine sicut asserit immunis extitit declarat-
us, unde idem capellanus ad nos recurrens petiit in hac parte sibi
per nos salubre remedium adhibere.   Nolentes igitur sicut nec
debemus talis excessus eventum ac scandalum exinde forsitan tam
in clero quam in populo suscitatum sub dissimulacionis clamide
pertransire et humiliter postulanti salubre consilium ad quod
astringimur denegare, tibi committimus et mandamus firmiter
injungendo quatinus ad municipium Dovor' personaliter sine
dilacione morosa declinans tam per clericos quam per laicos fide
dignos qui melius veritatem noverint rei geste de ipso facto et
qualitate seu modo ejusdem, necnon ceteris ipsius facti circum-
stanciis que illud aggravare poterunt aut eciam aliqualiter excusare,
inquisicionem facere studeas diligentem vocatis prius ad inquisicionem faciendam si quos arbitratus fueris evocandos.   Et quid
feceris in premissis una cum inquisicione clausa et sigillo tuo
consignata nos certificare procures per litteras tuas patentes harum
seriem continentes loco et tempore oportunis.   Datum apud
Maydestan' viij. kal. Octobris anno domini m° cc° nonagesimo
sexto consecracionis tercio.

————

[*Undated.   Letter to the Bishop of Chichester admonishing him to take action on
behalf of the Premonstratensian canons of Bayham.*]

[Fo. 203.]

EPISCOPO CYCESTRENSI PRO BONIS ECCLESIE DE BEGEHAM
PERVERSORUM INSULTIBUS JAM CONSUMPTIS.—Robertus permissione divina et cetera domino G. de gracia episcopo Cycestrensi
salutem et sinceram in domino caritatem. Significantibus nuper
nobis religiosis viris canonicis de Begeham nostre diocesis spiritu

compassionis didicimus quod quidem degeneres et perversi in
nimie temeritatis audaciam prorumpentes bona dicti monasterii
nunc vacantis invadunt eorumque possessiones diripiunt et
depredant, et in tantum pro sue sensualitatis arbitrio bona hujusmodi distrahunt et consumunt ut quod dolentes referimus vix
pusillum substancie dicte domus ut asseritur non[1] subsistat de quo
dictis religiosis deo jugiter inibi militantibus vite saltem necessaria
valeant ministrari.   Et licet apud vos jam institerint pro oportuno
remedio consequendo hucusque tamen quod petebant a vobis
minime reportarunt.   Quo circa fraternitatem vestram requirimus
et hortamur quatinus si sit ita premissis excessibus cura pastoralis
sollicitudinis occuratis ne tanti facinoris impunitas aliis crassantibus
perniciosum transeat in exemplum ; et ne nos jurisdictioni vestre
deferre quantum convenit affectantes ad eorum reformacionem
urgenti juris necessitate cogamur.   Valete.

[*October 3rd, 1296.   Letters dimissory for the rector of Upper Hardres.*]

LITTERE DIMISSORIE JOHANNIS DE BRUGES RECTORIS
ECCLESIE DE ALTA HARDRES.—Robertus permissione divina et
cetera dilecto filio Johanni de Bruges diacono rectori ecclesie de
Alta Hardres nostre diocesis salutem graciam et benedictionem.
Ut a quocumque episcopo Cantuariensi provincie volenti et de juris
permissione valenti sacras tibi manus imponere in presbiterium
valeas ordinari, non obstante quod alibi oriundus et in nostra
diocesi beneficiatus existis, liberam tibi concedimus facultatem.
Proviso tamen quod sacerdotis officium in nostra Cantuariensi
diocesi quousque de ordine sic suscepto nobis extiterit facta fides
nullatenus exequaris.   Datum apud Aldington' v° non. Octobris
anno domini m° cc° nonagesimo sexto consecracionis nostre tercio.

[*September 26th, 1296.   Letter to the Bishop of Chichester urging that the newly
elected Dean of Chichester should be allowed to retain the church of Bury,
which he held while Archdeacon of Lewes.*]

EPISCOPO CYCESTRENSI PRO ARCHIDIACONO LEWENSI IN
DECANUM CYCESTRENSIS ECCLESIE ELECTO.—Robertus permissione et cetera venerabili fratri domino G. dei gracia Cycestrensi
episcopo salutem et cetera.   Licet ecclesiarum commende per
ultimum Lugdunense concilium ad tempus semestre dumtaxat
artate id tamen prout tenetur communiter a prelatis ad com-

---

[1] *Sic* MS.

mendas non extenditur dictum concilium precedentes que tanquam perpetue per Curiam Romanam ut vidimus et in ecclesia Anglicana precipue prout nostis modernis temporibus approbantur. Cum igitur magister Thomas de Berghestede archidiaconus Lewensis in decanum Cycestrensis ecclesie jam electus ecclesiam de Bery dudum ante prefatum concilium sibi canonice commendatam ut dicitur una cum archidiaconatu predicto diu tenuerit et adhuc teneat in presenti, et in recepcione dicti decanatus ut scitis parum sibi accresceret si prefatam ecclesiam aut beneficium aliud non haberet, maxime cum onus ipsius decanatus requirat ut aliunde prospiciatur uberius, taliter onerato nobis videtur expediens et honestum ac eciam sana consciencia tutum et licitum ut prefatam ecclesiam virtute commende predicte una cum dicto decanatu si forsitan confirmetur pacifice teneat prout actenus cum archidiaconatu tenebat, alioquin magna reputaretur duricia onus augere et proventus minuere aliunde licite adquisitos. Valete semper in Christo. Datum apud Tenham iij kal. Octobris anno domini m° cc° nonagesimo sexto consecracionis nostre tercio.

[October 2nd, 1296. Letter to the Bishop of Lincoln asking him to leave the prior and convent of St. Gregory, Canterbury, in possession of the church of Wotton until he has discussed the matter with him.]

LINCOLNIENSI EPISCOPO PRO ECCLESIA DE W[O]TTON SUPER BERNEWODE.—Robertus permissione divina et cetera venerabili fratri domino O. dei gracia Lincolniensi episcopo salutem et cetera. Quia de ecclesia de 'Wotton super Bernewode vestre diocesis religiosis viris priori et conventui sancti Gregorii Cantuar' in usus proprios ut dicitur ab antiquo concessa quid de ea salubrius fieri poterit vobiscum in brevi tractare proponimus domino concedente, fraternitatem vestram rogamus quatinus religiosos eosdem quo ad suam ecclesiam antedictam quousque exinde vobiscum locuti fuerimus in pace pristina dimittatis nichil interim in eorum [Fo. 203ᵛ·] prejudicium super hoc attemptantes. Intendimus | etenim et speramus quod tantilla dilacio juri prejudicium aut cuicumque dispendium non causabit, eo quoque cicius id rogamus quo dicte domui sancti Gregorii de nostro patronatu specialiter assistenti magis officimur ut tenemur. Datum apud Cherryngg' vi non. Octobris.

[*October 6th, 1296. Mandate to the Dean of the Arches to admonish the executors of the proctors of the rector of Hayes to satisfy the rector for his corn which they have carried off, and not to hinder him from disposing of his goods, and if they show cause for their action to summon them to appear before the Archbishop.*]

COMMISSIO PRO ECCLESIA DE HESE UT RECTORI EJUSDEM SATISFIAT CONGRUE DE SUBTRACTIS.—Robertus permissione et cetera decano ecclesie beate Marie de Arcubus London' salutem graciam et benedictionem.   Querelam Gydonis de Vichyo rectoris ecclesie de Hese de decanatu de Croydon' gravem recepimus continentem quod cum idem rector ad partes Hybernie nuper se transferens quendam Ricardum presbiterum suum procuratorem cum generali mandato dumtaxat in sua prefata ecclesia dimisisset, idemque presbiter ante reversionem predicti rectoris in Angliam diem suum clausisset extremum, quidam se memorati presbiteri executores ut dicitur pretendentes predictum rectorem ad suam prenotatam ecclesiam redeuntem impediunt quo minus de suis rebus ibidem disponere libere valeat ut deberet, ipsumque rectorem aut suos in domibus sue rectorie intrare aut in eis persistere non permittunt.   Blada eciam nichilominus rectoris ejusdem omni die dilapidant et consumunt et a domibus ac grangiis rectorie prefate blada ipsa sine grata permissione ejusdem rectoris aut ballivorum suorum immo contra inhibicionem expressam ipsius rectoris temeritate propria fecerunt et faciunt amoveri, propter quod in majoris excommunicacionis sentenciam latam in provinciali concilio ipso facto dampnabiliter inciderunt.   Super quo idem rector a nobis humiliter petiit oportuno sibi remedio provideri.   Nolentes igitur sicuti nec debemus in sua sibi deesse justicia, vobis committimus et mandamus quatinus dictos malefactores quos rector sepedictus vobis duxerit nominandos moneri canonice faciatis ut infra octo dies post monicionem hujusmodi dicto rectori satisfaciant congrue de subtractis et a prefata excommunicacionis sentencia per vos cui vices nostras in hac parte committimus se in forma juris absolvi procurent in qua absolucione pro commisso penam eis canonicam inponatis, injungentes eisdem sub pena excommunicacionis consimilis ne supradictum rectorem aut suos impediant seu impediri procurent quo minus de bonis sue ecclesie antedicte pro sua voluntate disponant.   Si vero taliter moniti causam sufficientem quare non debeant ad premissa compelli coram vobis infra viij. dies predictos in forma juris ostenderint et summarie fidem fecerint de eadem, tunc ipsos peremptorie faciatis citari ad diem quem ad id oportunum esse videritis, seu diem ipsum statuatis eisdem quod compareant personaliter coram nobis ubicumque tunc et cetera fuerimus, super premissis et ceteris tam ex nostro officio quam eciam ad dicti rectoris instanciam obiciendis eisdem secundum juris exigenciam responsuri dictamque causam in forma canonica proposituri et eam precise ac peremptorie probaturi et de veritate dicenda, super hiis juraturi facturi et recepturi ulterius quod est justum. Interim vero dicto rectori ingressum in suis domibus antedictis faciatis haberi, nullatenus sustinentes ut bona rectorie ejusdem quousque de premissis plene discussum extiterit amoveantur vel aliqualiter distrahantur ; causa vero ut supra coram vobis legitima non ostensa memorato rectori administracionem liberam bonorum sue ecclesie antedicte statim post viij dies prefatos faciatis haberi, et quoscumque super hoc inpedientes eundem ut ab ipso inpedimento desistant canonice compellatis dictos nichilominus malefactores punientes legitime pro commissis et ad restitucionem

ydoneam ut superius tangitur subtractorum eos de die in [Fo. 204.] diem efficaciter | percellatis per majoris excommunicacionem sentenciam et agravacionem ejusdem ac modis aliis quibus videritis oportunum cautela congrua providentes ne quid de bonis rectorie predicte aliqualiter amoveri contingat quousque premissa plenius sint discussa. Quid autem de eisdem feceritis et de rebellium in premissis citatorum nominibus si qui fuerint nos vestris patentibus litteris harum tenorem habentibus congrue certificetis cum super hoc oportune fueritis requisiti. Datum apud Aldington' ij. non. Octobris anno domini m⁰ cc⁰ nonagesimo sexto consecracionis nostre tercio.

———

[*October 6th, 1296. Mandate to the dean of Sittingbourne to sequestrate the fruits in the rectory barns of Tonge until the repairs to the church and houses of the rectory chargeable to the estate of the late rector have been executed, and to hold an inquisition at Tonge to assess the cost and to have the repairs executed without delay.*]

COMMISSIO PRO ECCLESIA DE TONGHE CANT' DIOCESIS.— Robertus permissione divina et cetera decano de Sythynggeburn' salutem et cetera. Quia in ecclesia de Tonge et domibus rectorie ejusdem plures ut didicimus sunt defectus quorum reparacio ad Gilbertum nuper ecclesie prenotate rectorem seu ad executores testamenti ejusdem pertinere dicitur,[1] tibi committimus et mandamus quatinus rectorie supradicte proventus existentes in orreis

———

[1] MS. dicuntur.

pro eisdem defectibus quosque congrue declarati et reparati extiterint facias sequestrari. Et tu ipse ad eandem ecclesiam personaliter quamcicius poteris oportune accedens in dictorum executorum
et Edmundi nunc rectoris ipsius ecclesie presencia vel saltim
denunciato eisdem legitime quod intersint per viros ydoneos de
veritate dicenda juratos de defectibus antedictis inquiras et eos ad
certam summam quatenus eorum reparacio ad prefatum defunctum
pertinet facias estimari ac eciam de proventibus antedictis defectus eosdem sine more dispendio reparari, contradictores et rebelles
per censuram ecclesiasticam compescendo. Quid autem feceris in
premissis nos oportune certifices cum super hoc fueris congrue
requisitus. Datum apud Aldinton' ij. non Octobris.

[*October 21st, 1296. Commission of the custody of the fruits and the church of
Snaves, on account of the weakness and ill health of the rector, to the rector of
Sturry, who is to make provision for the spiritual care of the parish, the
charges on the church, and the support of the rector.*]

PRO RECTORE ECCLESIE DE SNAVES UT SIBI DE PROVENTIBUS
SUE ECCLESIE PROVIDEATUR.—Robertus permissione et cetera
dilecto filio magistro Willelmo rectori ecclesie de Stureye salutem
graciam et benedictionem. Infirmitati ac debilitati rectoris ecclesie
de Snaves nostre diocesis paterno compacientes affectu ac plenius
advertentes quod tam eidem rectori quam suė ecclesie indubitanter
expediat ut fructus ac proventus ejusdem ipsaque ecclesia in
custodia competenti remaneant, de industria vestra et fidelitate
confisi ecclesiam ipsam et ejusdem proventus tibi custodiendos
committimus, ita quod de proventibus ipsis prefate ecclesie in
divinis congrue facias deserviri et onera ejusdem ecclesie competenter agnosci, ipsique rectori de sua sustentacione ydonea prout
pocius expedire prospexeris provideri nobisque exinde secundum
taxacionem ad valorem ejusdem ecclesie prius factam oportune
respondeas cum super hoc fueris requisitus. Datum apud
Cherryngg' xii kal. Novembris anno et cetera consecracionis
nostre tercio.

[*November 16th, 1296. Letter to the Bishop Elect of Coventry and Lichfield
excusing him from seeking consecration from the Archbishop.*]

Robertus[1] permissione divina et cetera dilecto filio domino
Waltero de Langeton' dei gracia Coventrensi et Lichfeldensi electo
confirmato salutem et cetera. Cum notorie constet nobis vos a

---

[1] The summary title in the margin has been erased.

tempore confirmacionis continue fuisse et esse impedimento legitimo prepeditos quo minus a nobis qui licet indigni dictis ecclesiis
Coventrensi et Lichfeldensi jure metropolitico presidemus munus
consecracionis in forma canonica petere et recipere possetis aut
eciam nunc possitis, durante quoque impedimento hujusmodi quod
adhuc novimus non cessare nullum vobis prejudicium in hac parte
posse credimus generari secundum canonicas sancciones et vos in
hoc habemus et habebimus quantum ad nos et officium nostrum
pertinet excusatos. In cujus rei testimonium sigillo nostro presentes litteras duxerimus roborandas. Valete. Datum apud
Bradefeld xvi kal. Decembris anno domini m° cc° nonagesimo
sexto consecracionis nostre tercio.

―――――

[*November 27th, 1296. Mandate to the Bishop of London to summon the bishops
of the province of Canterbury to a meeting of Convocation at St. Paul's on
January 13th, 1297, and to command the bishops to summon representatives
of all the clergy of their dioceses.*]

[Fo. 204ᵛ·]

CONVOCACIO OMNIUM PRELATORUM ET CLERI DIOCESIUM
PROVINCIE AD TRACTANDUM DE REMEDIO ADHIBENDO CONTRA
PERICULA ECCLESIE ET REGNO IMMINENCIA[1].—Robertus permissione divina et cetera venerabili fratri domino R. dei gracia
Londoniensi episcopo salutem et fraternam in domino caritatem.
Satis per diversa frater conscripte mundi climata perlato rumore
diffunditur et auribus hominum inculcatur sicut nos cotidianis
gestorum experimentis et oculata fide perpendimus qualiter natale
solum in quo peregrinacionis presentis dies agimus dispendiosis
incommodis atteritur et variis exteriorum injuriis lacessitur. Dum
enim gens Anglorum ambiguis fatis guerrarum et horrendis
bellorum aggressibus non vacabat felici embola personarum
excrescencium et rerum copiosis affluenciis redundabat, sed nunc
pacis emulus et caritatis non ficte perfidus inimicus sic nos et
dictam gentem hostium insidiis undique circumcinxit, sicque
capciosa tendicula jam tetendit, et in innumerabilium aciem bella-
torum in nos omnes convertit, atque alia pericula nobis et ecclesie
Anglicane clero pariter atque regno imminencia fallaciter pre-
paravit; quod patrata strage multorum non sine dampnacionis
eterne plurium interitu pro dolor animarum jam decrevit excrescens

―――――

[1] In the margin in a 17th century hand, Nota pro convocacione cleri absque brevi
regio.

numerus gentis nostre fons affluencie rerum exaruit et quod
graviter est gerendum nisi seva seviencium audacia licitis defen-
sionibus reprimatur, et eidem favente domino competentibus prout
convenit remediis occurratur, nos et ecclesiam antedictam clerum
eciam ac ceteros regnicolas ad desolacionis irreparabilis detri-
mentum quod absit perduci posse violenter presumimus et veri-
similiter formidamus. Ne igitur flagiciosis et repentinis hostium
incursionibus opprimamur et nostri et ecclesie cleri ac regni predictorum subversionem vel exterminium minus provide paciamur,
tutum esse nuper censuimus et consultum casibus hujusmodi quos
ut premisimus instantes esse probabiliter conicimus et evidenter
attendimus quantum licite possumus salubriter obviare. Quocirca
fraternitati vestre committimus et mandamus firmiter injungendo
quatinus cum celeritate debita omnes et singulos coepiscopos et
suffraganeos nostros in nostra Cantuariensi provincia constitutos
convocando citetis seu citari peremptorie faciatis ut cessante legitimo
impedimento, quod si pretensum fuerit coram nobis nisi tunc legitime doctum fuerit de eodem nullatenus admittetur, die sancti
Hillarii proximo subsequente apud sanctum Paulum Londonie ad
tractandum et ordinandum nobiscum dicto die et diebus sequentibus
proximis quamdiu videbitur oportunum, qualiter pro tuicione
universalis ecclesie Anglicane cui non tam in temporalibus quam
in spiritualibus una cum regno clero ejusdem et ceteris regnicolis
periculum grande nimis ut prediximus dinoscitur iminere, in
necessitatum seu periculorum hujusmodi articulis quantum ad nos
et alios viros ecclesiasticos licite pertinet salubriter providere valeat,
suam exhibeant presenciam personalem in virtute sancte obediencie
qua nobis et ecclesie nostre Cantuariensi juxta sue professionis
seriem juramento personaliter prestito sunt astricti, necnon sub
pena districcionis canonice cujus rigorem exercere dante deo
disponimus contra convocacionis seu citacionis edictum totaliter
contempnentes aut eciam quesitis coloribus sese frustratorie
excusantes; electos quoque confirmatos presentes necnon absen-
cium episcoporum vel electorum vicarios seu procuratores ad dictos
diem et locum sub pena consimili et in forma predicta citetis aut
  citari peremptorie faciatis. Denunciantes nichilominus |
[Fo. 205.] prefatis episcopis electis presentibus et tam episcoporum
    quam electorum absencium vicariis et eisdem auctoritate
nostra districcius injungentes quatinus quilibet in sua seu sibi commissa diocesi citet aut citari faciat peremptorie omnes decanos
precentores cancellarios thesaurarios archidiaconos et priores
cathedralium ecclesiarum necnon abbates non exemptos ac eciam

omnes priores decanos prepositos magistros conventualium et
collegiatarum ecclesiarum et alios universos in dignitate constitutos
quocumque nomine censeantur, capitula quoque omnium prelatorum et clerum ; ut videlicet decani precentores cancellarii the-
saurarii archidiaconi et abbates non exempti priores prepositi
magistri et alii in dignitate ut premittitur constituti personaliter,
singula vero capitula hujusmodi tam secularium quam religiosorum
predictorum per unum, clerus autem cujuslibet diocesis per duos
procuratores ad tractandum ordinandum nobiscum et tractatibus
ordinacionibusque in premissis et circa premissa seu occasione
premissorum faciendis ac omnibus tractatus et ordinaciones hujusmodi contingentibus nomine dominorum suorum consenciendum
plenam et sufficientem ac specialem potestatem habentes dictis die
et loco conveniant seu compareant eodem die et sequentibus oportunis una nobiscum facturi quod superius memoratur, sub pena excommunicacionis majoris et interdicti que merito poterunt formidare
qui in forma prenotata contumaciter omiserint seu contempserint
comparere, et que contra eosdem qui sic comparere detrectaverint
sine dele[c]tu personarum intendimus execucioni debite demandare.
Denuncietis insuper episcopis electis et vicariis singulis supradictis
quod in suis diocesibus omnibus exemptis cujuscumque fuerit condicionis ordinis seu professionis notificent manifeste, ut prefatis die
et loco absque aliquali privilegiorum suorum prejudicio quibus per
hoc non intendimus derogare, una nobiscum sufficienter intersint
facturi in premissis et ea contingentibus prout superius est
expressum, cum commune sit periculum et per consequens communibus absque cujusque fori privilegio remediis congruis devi-
tandum et quod omnes tangit merito debet ab omnibus approbari.
Dictis eciam episcopis electis et vicariis districcius injungatis
ut nos memoratis die et loco singuli certificare[1] procurent per
litteras patentes harum seriem continentes una cum nominibus
omnium ecclesiarum et monasteriorum secundum formam predictam citandorum qualiter presens mandatum in suis diocesibus
vel eisdem commissis fuerint executi. Et vos eisdem die et loco et
diebus sequentibus similiter personaliter intersitis facturi cum
ceteris quod incumbit. De die vero recepcionis presencium et
quid feceritis in premissis nos distincte et aperte ibidem reddentes
inter cetera certiores per litteras vestras patentes harum seriem
exprimentes. Valete semper in Christo. Datum apud Bockyng'

---

[1] MS. certificuare.

v kal. Decembris anno domini m. cc^{mo} nonagesimo sexto consecracionis nostre tercio.

———

[*Undated. Similar mandate to the Bishop of London about the same meeting of
Convocation.*]

[Fo. 205^{v.}]

LITTERA CITATORIA CONSIMILIS IN EFFECTU.—Robertus
permissione divina et cetera venerabili fratri domino R. dei gracia
Londoniensi episcopo salutem et cetera. Quoniam invalescentibus
morbis novis proinde nova convenit medicamina preparare, et que
de novo emergunt novis dinoscuntur auxiliis indigere admiracionis
spiritu neminem convenit perturbari si nos inter mundi varietates
cujus status volubilis est in quo nichil stabile perseverat momentanee
fluctuantes communicato quorum interest consilio properemus ut
novis casibus emergentibus paratam grandis periculi et inaudite
molestie materiam ingerentibus quantum licite possumus oportunis
remediis occurramus. Quocirca fraternitati vestre committimus et
mandamus firmiter injungendo quatinus cum celeritate debita
omnes et singulos coepiscopos et suffraganeos nostros in nostra
Cantuariensi provincia constitutos convocando citetis seu citari
peremptorie faciatis ut cessante legitimo impedimento, quod si pretensum fuerit coram nobis nisi tunc legitime doctum fuerit de
eodem nullatenus admittetur, die sancti Hillarii proximo subsequente apud sanctum Paulum Londonie super arduis articulis
tocius ecclesie Anglicane statum tam in spiritualibus quam eciam
temporalibus contingentibus una nobiscum dicto die et diebus
sequentibus proximis quam diu videbitur oportunum non tam
diligenter quam salubriter dante deo tracturi suam exhibeant presenciam personalem et cetera, et postea totum sicut in littera pre-
cedenti.

———

[*December 1st, 1296. Grant of the chantry of St. Mary in the Church of Bocking
to Nicholas of Bocking.*]

CONCESSIO CANTARIE SUB MODO INFRASCRIPTO.—Robertus
permissione divina et cetera dilecto filio Nicholao de Bockyng,
capellano salutem graciam et benediccionem. Cantariam sive
capellaniam beate Marie Virginis in ecclesia de Bockyng' ad
nostram collacionem spectantem pleno jure dei intuitu et virginis,
gloriose cum omnibus reddituibus terris et possessionibus et catallis
ad cantariam ipsam spectantibus tibi conferimus per presentes

quamdiu te honeste habueris et ad nostrum beneplacitum possidendam. Ita tamen quod tu ministerium debitum in hac parte virgini gloriose impleas personaliter in ecclesia de Bockyng' debite et honeste ad quod per juramentum volumus te astringi. Datum apud Chathambir' kal. Decembris anno domini m° cc° nonagesimo sexto.

———

[*November 20th, 1296. Commission to William de Chadleshunte to institute Thomas de Capella to the Church of Sevenoaks.*]

COMMISSIO ADMITTENDI ET INSTITUENDI ALIQUEM IN ECCLESIA.—Robertus permissione divina et cetera dilecto filio magistro Willelmo de Chadeleshunte clerico et familiari nostro salutem graciam et benediccionem. Ad admittendum ad ecclesiam de Sevenok' in decanatu de Schorham nostre immediate jurisdiccionis dilectum filium dominum Thomam de Capella magnifici principis domini Edwardi dei gracia illustris regis Anglie clericum et in eadem ecclesia vice et auctoritate nostra canonice instituendum necnon canonicam obedienciam et quodlibet licitum juramentum ab eodem recipiendum ac omnia alia et singula faciendum que nobis et officio nostro in premissis incumbere dinoscuntur, tibi vices nostras cum cohercionis canonice potestate specialiter committimus per presentes. In cujus rei testimonium sigillum nostrum presentibus duximus apponendum. Datum apud Illeye xii^{mo} kal. Decembris anno domini m° cc^{mo} nonagesimo sexto consecracionis nostre tercio.

———

[*The above commission is repeated, adding that it was on the King's presentation*]
    [Fo. 206.]

CONSIMILIS COMMISSIO FACIENS MENCIONEM DE PRESENTACIONE REGIS.—(As above) Thomam de Capella clericum ad eanden ecclesiam per magnificum principem domini Edwardi dei gracia illustrem regem Anglie racione archiepiscopatus Cantuariensis dudum vacantis et in manu ipsius regis existentis presentatum et in eadem ecclesia as above.

———

[*November 29th, 1296. Institution of Thomas de Capella to the Church of Sevenoaks.*]

INSTITUCIO FACTA VIRTUTE COMMISSIONIS PREDICTE.—Willelmus de Chadelshunte venerabilis patris domini Roberti dei gracia Cantuariensis archiepiscopus tocius Anglie primatis in hac parte commissarius specialis discreto viro domino Thome de Capella clerico salutem in omnium salvatore. Ad ecclesiam de Sevenok' in decanatu de Schorham immediate jurisdiccionis dicti patris vice et auctoritate ejusdem qua fungimur in hac parte te admittimus et rectorem instituimus in eadem ac te per birretum nostrum canonice investimus. In cujus rei testimonium sigillum venerabilis patris predicti presentibus est appensum. Datum apud Illeye xii kal. Decembris anno superius annotato.

[*The above institution is repeated, adding that it was on the King's presentation.*]

CONSIMILIS COMMISSIO FACIENS MENCIONEM DE REGIA PRESENTACIONE.—*(As above)* te ad presentacionem magnifici principis domini Edwardi dei gracia illustris regis Anglorum racione archiepiscopatus Cantuariensis dudum vacantis et in manu ipsius regis existentis admittimus *(as above).*

[*December 7th, 1296. Letter to Edward I, asking for longer time to pay money owing to him from the Archbishop.*]

LITTERE DEPRECATORIE DOMINO REGI DIRECTE SUPER TERMINO PROLIXIORI SOLVENDI DEBITUM CONCEDENDO. — Excellentissimo principi domino Edwardo dei gracia regi Anglie illustri et cetera Robertus permissione divina et cetera salutem cum omni promptitudine complacendi. Licet ut a vestra non credimus recessisse memoria nobis dudum fuisset a regia liberalitate concessum ut pecuniam in qua vobis pro bladis et aliis bonis vestris nobis venditis de tempore vacacionis archiepiscopatus predicti tenemur per certos annos et ad certos terminos solveremus, jam tamen de novo per breve vestrum quod de consciencia vestra processisse non credimus artamur solvere summam maximam de debito antedicto in crastino sancte Lucie proximo jam venturo quod nobis esset totaliter eciam si ad id totis viribus niteremur impossible. Cum igitur pensatis arduis que vobis incumbunt pecunia maxima vos indigere noscamus et bene decet et convenit ut quod vobis debeatur ea racione celerius persolvatur, benivolenciam regiam attente rogamus quatinus dictum terminum sic artatum ad vestrum beneplacitum, pensata nostra possibilitate et affeccione quam gerimus ad vestrum beneplacitum prorogare dignemini, et nos cum omni festinacione qua undecumque et cum quocumque dispendio nostro poterimus levari predictam pecuniam faciemus. Valeat semper in Christo cum gaudio regia celsitudo Datum apud Croydon' vij id. Decembris.

———

[*December 8th, 1296. Commission to the Prior of the cathedral church of Canterbury to receive the professions of some monks in the Archbishop's absence.*]

[Fo. 206ᵛ·]

COMMISSIO ADMITTENDI PROFESSIONES MONACHORUM CANT' CUM EXCUSACIONE.—Robertus permissione et cetera dilecto filio . . priori ecclesie nostre Cantuariensi salutem et cetera. Quia ad nostram Cantuariensem ecclesiam pro professionibus monachorum minime professorum ibidem ut convenit et prout expedire conspicimus recipiendis, licet id corditer affectemus propter occupaciones varias et alias causas sufficientes et arduas ad presens declinare non possumus de quo deo teste dolemus, ideo tuam super hoc discrecionem et circumspectam industriam eligentes ad recipiendum hac vice professiones hujusmodi tibi committimus vices nostras. Datum apud Croydon' v id. Decembris anno domini m° cc° nonagesimo sexto.

———

[*December 1st, 1296. General admonition that no one shall take tolls from certain tenants of the church of Canterbury and of the Archbishop.*]

MONICIO GENERALIS NE QUIS THELONEUM VEL PASSAGIUM EXIGAT AB ECCLESIE CANT' TENENTIBUS VEL CANT' ARCHIEPISCOPI.—Universis presentes litteras inspecturis Robertus permissione divina et cetera salutem et pacem in domino sempiternam. Cum homines et tenentes nostri et ecclesie nostre Cantuariensis a prestacione pedagii thelonii muragii stallagii et aliorum prestacionum et exaccionum secularium obtentu jurium et libertatum nobis et ecclesie nostre predicte abolim concessarum per totum regnum Anglie fuerint et sint ac notorie esse debeant liberi et immunes quarum quidem libertatum et jurium perturbatores ac violatores scienter et maliciose in sentenciam excommunicacionis majoris in pluribus conciliis contra transgressores hujusmodi promulgatam incidunt ipso facto, universitatem vestram rogamus monemus et in domino exhortamur quatinus Adam dictum Freresman, Henricum le Coliere, Thomam filium Henrici de Brideford, Johannem de Chileham, Johannem del Hul, Eliam de Westhey,

Ricardum le Teynturer, Stephanum le Espicer, Rogerum Godyn, Willelmum Snou, Rogerum Bussel, Willelmum le Flexere, Ricardum dictum clericum Walterum de Ponte, Johannem de Taxstede, Johannem Ryvet, Andream Blekeberie et Thomam le Marchaunt de Bockyng' homines et tenentes nostros et predicte nostre ecclesie in eadem super hujusmodi exaccionibus, seu prestacionibus nullatenus molestetis vel quantum in vobis est permittatis aliquatinus molestari sed ipsos libere et absque inquietacione qualibet mercandias suas sinentes facere nichil indebitum exigatis ab eis, sicut canonicam effugere volueritis ulcionem atque participes fieri suffragiorum que fiunt jugiter in Cantuariensi ecclesia memorata, ob cujus reverenciam tanto vigilancius curare debetis a talibus illicitis abstinere quanto prestancius ipsam intelligitis tanquam matrem ceteris Anglicanis ecclesiis preminere. Valete. Datum apud magnam Waltham kal. Decembris anno domini m cc^{mo} nonagesimo sexto consecracionis nostre tercio.

[*December 1st, 1296. Mandate to the official of the Bishop of Norwich to denounce certain persons who have taken tolls from the tenants of the church of Canterbury and of the Archbishop to find out their names, and to summon them to appear before the Archbishop.*]

MANDATUM CANT' AD DENUNCIANDUM EXACTORES HUJUSMODI PRESTACIONUM A DICTIS TENENTIBUS IN GENERE EXCOMMUNICATOS.—Robertus permissione et cetera dilecto filio . . officiali Norwycensi salutem et cetera. Quamvis homines et tenentes nostri et ecclesie nostre Cantuariensis a prestacione pedagii theolonii muragii stallagii et aliarum exaccionum secularium juxta libertates ecclesie nostre predicte per totum regnum Anglie abolim fuerint et sint ac notorie esse debeant liberi et immunes quorum quidem jurium et libertatum violatores scienter et maliciose in sentenciam majoris excommunicacionis contra transgressores hujusmodi in pluribus conciliis promulgatam ipso facto incidere dinoscuntur, quidam tamen degeneres filii sue salutis immemores libertates et jura predicta scienter violare temer-
[Fo. 207.] ariis ausibus non verentes ab hominibus | et tenentibus nostris et ecclesie nostre predicte prestaciones predictas in diversis partibus dicte diocesis et specialiter apud Gypewycum sanctum Edmundum Theford Brandonesferie Norwycum Donewycum Subir' et apud Sanctam Fidem indebite exigunt et extorquent, et quod deterius est solvere renitentes captis pignoribus et detentis gravioribus dispendiis affligere non formidant, quos non est dubium

in predictam excommunicacionis sentenciam incidere dampnabiliter
ipso jure. Quocirca vobis committimus et mandamus firmiter
injungentes quantinus omnes et singulos libertatis predicte violatores denuncietis seu denunciari faciatis locis et temporibus
oportunis quociens et quando fueritis requisiti et presertim in villis
et municipiis supradictis in memoratam excommunicacionis
sentenciam ut premisimus incidisse ; inquirentes seu inquiri
facientes nichilominus diligenter de nominibus eorundem et quos
per inquisiciones hujusmodi notatos esse contigerit citetis vel citari
faciatis peremptorie quod compareant coram nobis ubicumque tunc
et cetera ; tercio die juridico post festum Purificacionis beate Marie
virginis facturi audituri et recepturi in premissis quod justicia
suadebit. De die vero recepcionis presencium et quid feceritis in
premissis nos dictis die et loco aperte et distincte per litteras vestras
patentes una cum inquisicione seu inquisicionibus hujusmodi
patentibus et clausis harum seriem continentes certificare curetis.
Datum apud magnam Waltham kal. Decembris anno nonagesimo
sexto.

[*January 12th, 1297. Mandate to the Bishop of London to summon the Bishops
of the province to be present at the consecration of the Bishop Elect of
Llandaff at Canterbury on February 10th.*]

COMMONICIO SUFFRAGANEORUM CANT' PROVINCIE QUOD
INTERSINT CONSECRACIONI ELECTI CONFIRMATI.—Robertus permissione et cetera venerabili fratri domino R. dei gracia Londoniensi
episcopo salutem et cetera. Quia secundo die dominico mensis
Februarii videlicet die sancte Scholastice virginis dilectum filium
magistrum Johannem de Monemuta Landavensis electum in episcopum loci ejusdem in nostra Cantuariensi ecclesia consecrare
proponimus domino concedente, fraternitati vestre committimus et
mandamus quatinus omnes et singulos provincie nostre Cantuariensis episcopos moneri canonice faciatis quod dictis die et loco
sufficienter intersint vel suo responso significent se consecracioni
hujusmodi consentire, facturi super hoc quod canonice statuunt
sanctiones. Et quid de premissis feceritis nos dictis die et loco
vestris patentibus litteris harum tenorem habentibus curetis reddere
cerciores.   Datum apud Lomheth' ij id. Januarii anno domini
m. cc. nonagesimo sexto consecracionis nostre tercio.

[*January 20th, 1297. Letter of credence given to the Bishops of Hereford and Norwich and other persons sent to the King representing the Archbishop, Bishops and Clergy of the province of Canterbury.*]

LITTERE CREDENCIE NUNCIORUM DOMINO REGI MISSORUM PER CANT' ET SUOS SUFFRAGANEOS ET CLERUM PROVINCIE CANT'.—Excellentissimo principi domino Edwardo dei gracia illustri regi Anglie Domino Hybernie et duci Aquitanie Robertus permissione divina Cantuariensis archiepiscopus tocius Anglie primas et ejus suffraganei ac clerus Cantuariensis provincie salutem in eo per quem reges regnant et principes dominantur. Ad exponendum regie celsitudini vice nostra ea que nuper in nostra congregacione Londonie die sancti Hillarii cum diebus sequentibus tractabantur et alia que statum ecclesie provincie memorate ac nostrum contingunt, venerabiles patres dominos Ricardum Herfordensem et Radulphum Norwycensem episcopos et alios nomine religiosorum ac secularium clericorum Cant' provincie ad vestram reverendam presenciam destinamus supplicantes humiliter quatinus ipsis auditum benivolum fidemque credulam in premissis adhibere dignemini, nobisque per eos vestrum super hiis beneplacitum intimare. Nos vero suffraganei et clerus predicti rogavimus et procuravimus sigillum dicti domini archiepiscopi apponi presentibus vice nostra. Valeat et crescat semper in gaudio regia celsitudo. Datum Londonie xiij kal. Februarii anno domini m. cc. nonagesimo sexto.

[*January 26th, 1297. Mandate to the official of the Bishop of Coventry and Lichfield to see that the Archbishop's ordination of the vicarage of Tutbury be observed.*]

[Fo. 207ᵛ·]

UT ORDINACIO VICARIE OBSERVETUR ET IMPEDIENTES EAM REPRIMANTUR.—Robertus permissione divina Cantuariensis et cetera officiali Coventrensi et Lichefeldensi salutem et cetera. Licet nuper Coventrensis et Lichfeldensis diocesis sede vacante vicaria ecclesie parochialis de Tuttebury, quam quidem ecclesiam religiosi viri prior et conventus Tutteber' in usus proprios optinere dicuntur, vocatis qui fuerant evocandi et servatis que in hac parte requirebantur solempniis in prioris ipsorum religiosorum presencia rite per nos in certis porcionibus ordinata fuisset, iidem tamen religiosi et quidam alii forsan adherentes eisdem ut ex gravi querela vicarii prenotati recepimus spiritu rebellionis assumpto contra ordinacionem eandem temere venientes gravamina multa ipsi vicario super hoc inferunt, dictamque ordinacionem quo minus optineat suum effectum inpediunt minus juste in juris injuriam nostreque jurisdictionis offensam ac dicti vicarii dispendium et gravamen, in tantum quod idem vicarius per ipsa gravamina paupertate depressus onera sibi incumbencia non potest ut asserit sustinere. Ne igitur facta nostra tam rite et legitime expedita quorum ad nos de jure spectat defensio per machinosa commenta rebellium irritentur, vobis cum cohercionis potestate canonice committimus et firmiter injungendo mandamus quatinus ordinacionem eandem cum eam cub sigillo nostro videritis vice nostra execucioni debite demandetis facientes per viam officii omissis dilacionum ambagibus ordinacionem ipsam in suis singulis articulis firmiter observari, et singula corrigi sine more dispendio que contra ordinacionem hujusmodi temere fuerint attemptata, contradictores et rebelles per censuram ecclesiasticam compescendo, in nostri quoque contemptum in hac parte commissa efficaciter corrigi faciatis et exequi singula que superius sunt expressa, ut ad nos exinde de cetero querela non redeat iterata. De die vero recepcionis presentis et quid de premissis feceritis nos citra diem dominicam proximam Quadragesime sumptibus dicti vicarii certificetis per vestras litteras patentes harum seriem continentes. Datum apud Otteford vij kal. Feb. consecracionis nostre anno tercio.

———

[*February 17th, 1297. Mandate to the Bishop of London and the other bishops of the province to publish throughout their dioceses the bill of Boniface VIII, "Clericis laicos". The Pope had sent the Cardinal bishops of Albano and Palestrina to publish it in France and England. The Cardinals wrote to the Archbishop to publish it and he commanded the bishops to do so. Nevertheless its provisions were being disregarded. Therefore the Archbishop commanded the Bishop of London to send a copy of this present mandate to all the Bishops of the province with the instruction that the Bishops should inform him a fortnight before Easter how they had executed the mandate.*]

GENERALIS DENUNCIACIO EXCOMMUNICACIONIS INFRINGENTES LIBERTATES ECCLESIASTICAS IN DIVERSIS CASIBUS ET PUBLICACIO PENITENCIARUM PROLATARUM IN DIVERSIS CONSTITUCIONIBUS CUJUS MANDATI EXECUCIO OMISSA MULTUM FUERIT ECCLESIE DAMPNOSA.—Robertus permissione divina et cetera venerabili fratri domino R. dei gracia Londoniensi episcopo salutem et fraternam in domino caritatem. Dudum Lateranense consilium adversus consules et rectores civitatum et alios qui ecclesias aut viros ecclesiasticos talliis seu collectis et exactionibus

aliis aggravare nituntur volentes immunitati ecclesie providere presumpcioni hujusmodi sub anathematis districcione prohibuit ac transgressores et fautores eorum excommunicacioni subjacere precepit donec satisfactionem inpenderent congruentem. Et quia nichilominus laici suique complices nedum premissa committere sed quod erat deterius ecclesias bona invadere ac eciam abducere et occupare propria temeritate presumpserant, bone memorie Octobonus sedis apostolice cardinalis et legatus in Anglia statuit et decrevit quod si quis domibus maneriis grangiis vel aliis hujusmodi locis ad archiepiscopos episcopos vel alias personas ecclesiasticas vel ad ipsas ecclesias pertinentibus quicquam preter voluntatem aut permissionum dominorum vel eorum qui sunt hujusmodi rerum custodiis deputati consumere vel auferre aut contrectare presumpserit ipso facto sit excommunicacione ligatus a qua donec satisfecerit absolucionis graciam minime consequatur, necnon ut invadentibus bona ecclesiastica et ecclesiasticas libertates infringentibus et perturbantibus obvietur felicis recordacionis Boni-
[Fo. 208.] facius | nuper Cantuariensis archiepiscopus predecessor noster in provinciali concilio similiter diffinivit quod hujusmodi malefactores sacrilegi excommunicati per locorum ordinarios nuncientur. Et si in sua pertinacia per unum mensem perseveraverint tunc terre sue et loca in quibus commorantur interdicto ecclesiastico supponantur, neutraque relaxetur sentencia donec de dampnis et injuriis satisfecerint competenter. Et si quis ecclesiam possessionibus suis spoliaverit penis subjaceat supradictis. Et quia hiis omnibus nequaquam obstantibus laici suos conatus illicitos ad similia et frequenter deteriora laxantes onera gravia personis ecclesiasticis inponebant ipsas ad id sepius consentire cogentes, sanctissimus pater Bonifacius papa octavus qui universalis ecclesie regimen modo gerit deliberacione provida jam pridem de fratrum suorum consilio generaliter duxerat statuendum quod quicumque prelati ecclesiasticeque persone religiose vel seculares quorumcumque ordinum condicionis seu statuum collectas vel tallias decimam vicesimam seu centesimam suorum et ecclesiarum proventuum vel bonorum laicis solverint vel promiserint vel se soluturos consenserint, aut quamvis aliam quantitatem porcionem aut quotam ipsorum proventuum vel bonorum estimacionis vel valoris ipsorum sub adjutorii mutui subvencionis subsidii vel doni nomine aut quovis alio titulo modo vel quesito colore absque auctoritate sedis apostolice, necnon imperatores reges seu principes duces comites vel barones potestates capitanei officiales vel rectores quocumque nomine censeantur civitatum castrorum seu quorum-

cumque locorum constitutorum ubilibet et quivis alius cujuscumque
preheminencie condicionis et status qui talia imposuerint exegerint
vel receperint aut apud edes sacras deposita ecclesiarum vel
ecclesiasticarum personarum ubilibet arestaverint saisiverint seu
occupare presumpserint vel arestari saisiri aut occupari mandaverint
aut occupata saisita seu arestata receperint, necnon omnes qui
scienter in predictis dederint auxilium consilium vel favorem publice
vel occulte eo ipso sentenciam excommunicacionis incurrant.
Universitates quoque que in hiis culpabiles fuerint idem papa
ecclesiastico interdicto supponit prelatis et personis ecclesiasticis
supradictis in virtute obediencie et sub deposicionis pena districte
mandando ut talibus absque expressa licencia dicte sedis nullatenus acquiescant ; quodque pretextu cujuscumque oblacionis
promissionis et concessionis factarum hactenus vel faciendarum in
antea priusquam hujus constitucio prohibicio seu preceptum ad
noticiam ipsorum pervenerint nichil solvant, nec supradicti seculares
quoquo modo recipiant et si solverint vel predicti receperint
     in excommunicacionis sentenciam incidant ipso facto.
[Fo. 208ᵛ.] A supradictis autem excommuni | cacionum et interdicti
     sentenciis nullus absolvi valeat preterquam in mortis
articulo absque sedis apostolice auctoritate et licencia speciali.
Sane cum venerabilibus patribus B. Albanensi et S. Penestrino
dei gracia ecclesiarum episcopis ac dicte sancte Romane ecclesie
cardinalibus per sedem postea mandaretur eandem ut ipsi vel
eorum alter statutum hujusmodi per dictum papam Bonifacium
editum in regnis Francie et Anglie facerent publicari ac eciam
observari, iidem cardinales nobis per litteras suas patentes in virtute
obediencie firmiter injunxerunt ut nos constitucionem eandem
publicaremus et faceremus solempniter puplicari, ejus copiam
singulis id petentibus faciendo, quodque constitucionem ipsam in
omnibus servaremus et faceremus a nostris subditis inviolabiliter
observari ; nos vero volentes, prout nobis ex necessitate incubuit et
incumbit efficaciter exequi quod taliter mandabatur, vobis et ceteris
coepiscopis nostri provincie universis per nostras litteras seriem
dicti mandati cardinalium continentes nuper mandavimus injungendo ut vos et ceteri coepiscopi predicti idem mandatum cardinalium quo ad publicacionem et cetera omnia in eodem mandato
contenta, videlicet quilibet vestrum in sua diocesi quamcicius
oportune id fieri posset juxta traditam ut pretangitur a cardinalibus
nobis formam et secundum juris exigenciam patenter ac diligenter
in omibus exequerimini seu exequi faceretis exequerentur seu exequi
facerent, ac ea omnia et singula servaretis et servarent necnon a

vestris et ipsorum coepiscoporum subditis faceretis ac facerent
inviolabiliter observari.   Verum post publicacionem hujusmodi
quam sicut veraciter credimus vos dictique coepiscopi tanquam
veri obediencie zelatores facere non tardastis nec eciam dissimulando
tardarunt, et postquam per publicacionem eandem omnia in mandato cardinalium sepedicto contenta que non oportuit singulorum
auribus specialiter inculcare in publicam devenerunt de juris permissione noticiam, nonnulli sue salutis inmemores et animarum
suarum pericula non verentes quorum aliqui de quo dolemus clerici
immo et presbiteri ac beneficiati dicuntur existere contra con-
stituciones et jura predicta et specialiter contra constitucionem
ultimam prenotatam in domibus maneriis ac orreis sive grangiis tam
religiosorum quam secularium clericorum ecclesiasticorumque
virorum et ad ecclesias suas beneficia ve ecclesiastica spectantibus
irreverenter tanquam filii degeneres irruentes bona ecclesiastica et
alia inibi existencia quasi per totam nostram supradictam provin-
ciam violenter ac notorie occupant omni die, et ab eisdem domibus
grangiis et locis aliis ecclesiasticis sine grata permissione illorum
quorum sunt bona hujusmodi seu custodum bonorum ipsorum ex-
trahunt et abducunt seu extrahi faciunt et abduci, et eciam
viris ecclesiasticis tanquam laicis de bonorum ecclesiasticorum proventibus tallias seu collectas imponunt exigunt et extorquent, quos
            non ambigitur in dictas excommunicacionis sentencias et
[Fo. 209.] precipue in | sentenciam excommunicacionis in dicta con-
            stitucione domini pape Bonifacii antedicti prolatum damp-
nabiliter incidisse a qua preterquam in mortis articulo absolvi non
poterunt nisi per summum pontificem vel alium de ipsius licencia
speciali.   Tantum vero dictarum perversitatum jam morbus in-
valuit quod magna pars populi de quo maxime est dolendum ab
articulo fidei quo ecclesiam credere et per consequens statuta ipsius
ex fide eadem servare tenetur, dampnabiliter incipit declinare, quod
multorum judicio prelatis ascribitur qui pericula exinde sequencia
clarius advertentes nullum vel modicum ad id hactenus ut refertur
curaverunt adhibere remedium, precipue cum laici juris ignari et
simplices multa illicita nisi ab ipsis prohiberenter expresse ac eciam
cautelis congruis arcerentur, satis sibi licere multociens estimarent et .
consuetudines circa illa pretenderent quas corruptelas deceret pocius
arbitrari.   Defectus igitur denunciacionum ac exposicionis periculorum moniconum et correctionum que circa premissa ut dicitur
per prelatos hactenus non absque eorum periculo sunt omissa
delinquentes multiplicant et frequenter in commissis efficiunt
obstinatos.   Nos vero que supra notantur et alia periculorum dis-

crimina que nobis quod absit poterunt iminere si gregem nostro com-
missum regimini in profundum malorum non adhibitis per nos ut
tenemur ad ea remediis oportunis precipitari permittimus anxia
deliberacione pensantes, et multiplex vinculum quo per sacros
canones et sanctorum patrum ut pretangitur instituta ex nostra
professione necnon ex arduissimo[1] nobis ultimo auctoritate summi
pontificis jam de novo ex obediencie debito ut prenotatur injuncto
astringimur in cordis intimis advertentes fraternitatem vestram,
quantum possumus excitamus inducimus et hortamur in domino
Jesu Christo vobisque ultimi specialiter auctoritate ut supra nobis
injuncti precipimus et mandamus quatinus omnimodo excusacionis
que in hac parte non sufficit colore cessante, in singulis vestre
jurisdictionis ecclesiis ac monasteriis per dies dominicos et festivos
quibus et quam cito post recepcionem presencium fieri poterit
oportune intra missarum solempnia et in predicacionibus publicis
verbi dei omnia supradicta statuta et earum effectum ac eciam
grande periculum quod earum transgressoribus iminet solempniter
publicari, omnesque contra tam salubria statuta quicquam temere
attemptantes in prefatam excommunicacionis sentenciam incidisse,
quodque a sentencia in predicta constitucione lata non nisi per
summum pontificem absolvi poterunt denunciari publice et ea
omnia in lingua materna patenter exponi, ut ab omnibus intelligi
valeant efficaciter faciatis.   Et ut quilibet coepiscoporum nostrorum
memorate provincie premissa omnia in sua diocesi modo predicto
quamcicius oportune poterit exequatur eis omnibus et singulis in
virtute obediencie supradicte precipimus et injungimus per
presentes, precipue cum de dictis puplicacione et denunciacione
    faciendis in genere per nos dictosque coepiscopos nostros
[Fo. 209ᵛ·] fuisset et sit con | corditer ordinatum.   Ulterius autem in
    premissis faciatis et faciant iidem coepiscopi quod
incumbit.   Advertentes insuper presencium turbacionum pericula
que veraciter ex nostris excessibus et delictis causari creduntur ad
quorum inde remedium oportunum decet et expedit divinum
implorare presidium vobis ceterisque coepiscopis antedictis injungimus ut psalmos et oraciones pro pace antequam dicatur pax
domini intra missas et processiones publicas prout jamdudum
mandabamus dici ac fieri faciatis et faciant diligenter.   Et ut hec
omnia ad episcoporum ipsorum noticiam plene perveniant, mandati
presentis seriem cuilibet eorumdem sub vestro sigillo quam cito
poteritis transmittatis, injungentes eis auctoritate predicta ac eciam

---

[1] sic MS.

vice nostra ut ea omnia sine mora in suis diocesibus efficaciter exequantur. Et de die recepcionis mandati hujusmodi ac eciam de modo quo premissa executi extiterint nos citra quindenam Paschi plene et distincte certificent videlicet unusquisque eorum per suas patentes litteras harum seriem continentes, vos eciam de die recepcionis mandati presentis et quid in hac parte feceritis vestris similiter patentibus litteris harum tenorem habentibus nos dictis die et loco curetis reddere cerciores. Datum apud Wengham xiiij kal. Marcii anno domini m⁰ cc⁰ nonagesimo sexto consecracionis nostre tercio.

———

[January 5th, 1297. Mandate to the Bishop of London to publish the bull "Clericis laicos," in his diocese and to see that it is observed. The mandate includes a copy of a letter to the Archbishops of Canterbury and York, dated Paris, October 10th, 1296, from the Cardinal bishop of Albano nnd Palestrina commanding them to publish the bull, with a copy of the bull dated Feb. 25th, 1296, and of their mandate to publish it in France and England, dated April 21st, 1296.]

Robertus permissione divina et cetera venerabili fratri domino R. dei gracia Londoniensi episcopo salutem et sempiternam in domino caritatem. Mandatum venerabilium patrum dominorum B. Albanensis et S. Penestrensis dei gracia episcoporum sancte Romane ecclesie cardinalium nuper in forma subscripta recepimus. Miseracione divina B. Albanenensis et S. Penestrensis episcopi venerabilibus in Christo patribus dei gracia . . Cantuariensi et Eboracensi archiepiscopis necnon omnibus et singulis Scocie Wallie archiepiscopis et episcopis salutem et cum reverencia mandatis apostolicis obedire. Litteras apostolicas nos recepisse noveritis sub hiis formis. Bonifacius episcopus servus servorum dei ad perpetuam rei memoriam. Clericis laicos infestos opido tradit antiquitas quod et presencium experimenta temporum manifeste declarant dum suis finibus non contenti nituntur in vetitum, ad illicita frena relaxant., nec prudenter advertunt quam sit eis in clericos ecclesiasticasve personas et bona interdicta potestas, et ecclesiarum prelatis et ecclesiis ecclesiasticisque personis regularibus et secularibus imponunt onera gravia ipsosque talliant et eis collectas imponunt, ab ipsis suorum proventuum vel bonorum dimidiam seu vicesimam vel quamvis aliam porcionem aut quotam exigunt et extorquent, eosdem moliuntur multipharie subicere servituti sueque submittere dicioni, et quod dolentes referimus nonnulli ecclesiarum prelati ecclesiasticeque persone trepidantes ubi trepidandum non est transitoriam pacem querentes, plus timentes magestatem temporalem offendere quam eternam, talium

abusibus non tam temere quam improvide acquiescunt
[Fo. 210.] sedis apostolice auctoritate seu licencia | non obtenta. Nos
igitur talibus iniquis actibus obviare volentes de fratrum
nostrorum consilio apostolica auctoritate statuimus quod quicumque
prelati ecclesiasticeque persone religiose vel seculares quorumcumque ordinum condicionis seu statuum collectas vel tallias
decimam vicesimam seu centesimam suorum et ecclesiarum
proventuum vel bonorum laicis solverint vel promiserint vel se
soluturos consenserint, aut quamvis aliam quantitatem porcionem aut quotam ipsorum proventuum vel bonorum estimacionis
vel valoris ipsorum sub adjutorii mutui subvencionis subsidii
vel doni nomine seu quovis alio titulo modo vel quesito
colore absque auctoritate sedis apostolice; necnon imperatores
reges seu principes duces comites vel barones potestates
capitanei officiales vel rectores quocumque nomine censeantur
civitatum castrorum seu quorumcumque locorum constitutorum
ubilibet et quivis alius cujuscumque preeminencie condicionis et
status qui talia imposuerint exegerint vel receperint aut apud edes
sacras deposita ecclesiarum vel ecclesiasticarum personarum ubilibet
arestaverint saisiverint seu occupare presumpserint vel arestari
saisiri seu occupari mandaverint, aut occupata saisita seu arestata
receperint; necnon omnes qui scienter in predictis dederint auxilium
consilium vel favorem publice vel occulte eo ipso sentenciam
excommunicacionis incurrant. Universitates quoque que in hiis
culpabiles fuerint ecclesiastico supponimus interdicto. Prelatis et
personis ecclesiasticis supradictis in virtute obediencie et sub
deposicionis pena districte mandantes ut talibus absque expressa
licencia dicte sedis nullatenus acquiescant. Quodque pretextu
cujuscumque oblacionis promissionis et concessionis factarum
hactenus vel faciendarum in antea priusquam[1] hujusmodi constitucio
prohibicio seu preceptum ad noticiam ipsorum pervenerint nichil
solvant nec supradicti seculares quoque modo recipiant, et si
solverint vel predicti receperint, in excommunicacionis sentencia
incidant ipso facto. A supradictis autem excommunicacionum et
interdicti sentenciis nullus absolvi valeat preterquam in mortis
articulo absque sedis apostolice auctoritate et licencia speciali.
Cum nostre intencionis existat tam horrendum secularium
potestatum abusum nullatenus sub dissimulacione transire; non
obstantibus quibuscumque privilegiis sub quibuscumque tenoribus
formis seu modis aut verborum concepcione concessis imperatoribus

---

[1] Sic MS. for postquam.